AF495426

UNIVERSITÉ DE RENNES. — FACULTÉ DE

LES
CROFTERS ÉCOSSAIS

THÈSE POUR LE DOCTORAT

PAR

CHARLES GUERNIER

AVOCAT A LA COUR D'APPEL DE PARIS
PENSIONNAIRE DE LA FONDATION THIERS
LAURÉAT DE LA FACULTÉ DE DROIT DE RENNES
LAURÉAT DE LA SOCIÉTÉ DES ÉLÈVES ET ANCIENS ÉLÈVES DE L'ÉCOLE LIBRE
DES SCIENCES POLITIQUES

PARIS
LIBRAIRIE NOUVELLE DE DROIT ET DE JURISPRUDENCE
ARTHUR ROUSSEAU
ÉDITEUR
14, RUE SOUFFLOT ET RUE TOULLIER, 13

1897

THÈSE

POUR LE DOCTORAT

4050

8° F[4] 1
9873

UNIVERSITÉ DE RENNES. — FACULTÉ DE DROIT

LES
CROFTERS ÉCOSSAIS

THÈSE POUR LE DOCTORAT

BIBLIOTHÈQUE NATIONALE R.F.

L'ACTE PUBLIC SUR LES MATIÈRES CI-APRÈS
Sera soutenu le 31 juillet 1897, à 3 heures

PAR

CHARLES GUERNIER

AVOCAT A LA COUR D'APPEL DE PARIS
PENSIONNAIRE DE LA FONDATION THIERS
LAURÉAT DE LA FACULTÉ DE DROIT DE RENNES
LAURÉAT DE LA SOCIÉTÉ DES ÉLÈVES ET ANCIENS ÉLÈVES DE L'ÉCOLE LIBRE
DES SCIENCES POLITIQUES

Président : M. VIGNERTE, *professeur*.
Suffragants : MM. BLONDEL, CHAUVEAU, *professeurs*.

PARIS
LIBRAIRIE NOUVELLE DE DROIT ET DE JURISPRUDENCE
ARTHUR ROUSSEAU
ÉDITEUR
14, RUE SOUFFLOT ET RUE TOULLIER, 13

1897

LES CROFTERS ÉCOSSAIS

INTRODUCTION

Nous nous sommes proposé, dans les pages qui suivent, de réunir quelques renseignements utiles à l'intelligence de la question des Crofters Ecossais.

La condition des quarante mille familles qui occupent, éparses et rares, les glens de la Haute-Ecosse, ou sont entassées sur les côtes des comtés du Nord et du Nord-Ouest, dans les Iles Hébrides, les Orcades et les Shetland, formera l'objet de cette étude.

Nous voudrions pouvoir définir, avant toutes autres explications, l'expression un peu bizarre de Crofter. Mais ce sera précisément le but que nous poursuivrons au cours de cet exposé. Il existe aujourd'hui, à la vérité, une définition juridique donnée dans le crofters' act de 1886 ; mais cette définition est l'aboutissant de toute une évolution et l'expression d'un compromis plutôt que la synthèse d'une condition sociale. Comme le disait la commission de 1884, Crofter a un sens que l'on sent beaucoup mieux qu'on ne l'exprime. Il y a à la fois dans ce mot l'évocation de souvenirs historiques assez confus et l'indication d'une condition économique également assez imprécise. Disons cependant que, d'une façon générale, les crofters dans les Hautes-Terres et dans les îles Hébrides sont les descendants des anciens hommes de clan, qui occupent aujourd'hui la condition misérable de petits tenanciers agricoles et ont gardé dans leur façon d'exploiter les pâturages les habitudes de communauté en usage dans les siècles passés. Quand ils ont perdu cette habitude et qu'ils sont devenus plus misérables encore, on les appelle généralement cottars; beaucoup de ces derniers s'adonnent à la pêche. En un mot, le crofter est resté l'exploitant du sol, le cottar n'en est plus que le modeste occupant.

Aux premiers seuls a été réservé, à part un texte relatif aux améliorations faites au sol, le bénéfice de la loi nouvelle. Mais, par une bizarrerie qu'explique l'analogie des conditions économiques, on trouve également dans les îles Orcades et Shetland des tenanciers qu'on appelle aussi crofters. L'origine de leur état présent est toute différente de celle des crofters des Hautes-Terres et des Hébrides. Toutefois, ils se sont vu octroyer les avantages de la réforme autant peut-être parce qu'ils s'étaient mêlés à l'agitation politique qui précéda l'act de 1886, que parce que leur condition se rapprochait en fait de celle de leurs homonymes des Hautes-Terres.

Enfin, dans les autres comtés, l'Aberdeenshire et le Pertshire, on trouve également des tenanciers connus sous le nom de crofters, que la loi nouvelle n'a pas compris dans son texte. Leur abstention dans la campagne politique, à laquelle nous venons de faire allusion, semble bien être le seul motif de cette exclusion.

Nous nous proposons donc d'exposer comment s'est formée peu à peu la condition économique et sociale des habitants de l'Ecosse, connus sous le nom de crofters ; pourquoi cette condition de fait a été l'objet d'une législation toute spéciale en 1886 et quel est depuis lors le fonctionnement très particulier de la nouvelle institution juridique.

D'après une opinion communément reçue (1), le système du clan aurait comporté une véritable propriété commune, partagée par les chefs et les hommes de clan. Brusquement, et par le seul effet d'un act voté sous Georges II, la situation aurait changé. Au lendemain de la rébellion jacobite de 1746, autant pour user de représailles que pour assurer la sécurité de l'avenir, les chefs de clan auraient été dépouillés de leurs pouvoirs politiques, mais auraient reçu la propriété pleine du clan ; ils seraient devenus landlords, tandis que leurs hommes auraient été privés de leurs anciens droits de propriété commune pour être réduits du jour au lende-

(1) V. *Celtic Magazine*, p. 108 et suiv., vol. 12, année 1887. — V. dans Shaw Lefevre, *Agrarian tenures*, le chapitre qu'il consacre aux crofters. Comte Laffont, Une crise sociale en Ecosse, 1885 (Extrait du *Correspondant*). G. Ardant, *Réforme sociale*, 15 octobre 1885. — V. aussi la note de M. Carmichaël en appendice à *Report of Her Majesty's commissionners of inquiry into the conditions of the crofters and cottars in the Highlands and Islands of Scotland*, 1884, p. 452.

main à l'humble condition de tenanciers at will, c'est-à-dire, de tenanciers susceptibles d'être expulsés au gré du propriétaire.

A l'union des sentiments dans la défense commune de la même petite patrie, le clan, le gouvernement de la maison de Hanovre aurait substitué l'opposition des intérêts dans l'exploitation d'un même sol. Et les circonstances économiques se seraient chargées d'illustrer bien vite la nouvelle conception juridique.

A ce moment, l'élevage du mouton était une source de gros revenus ; les landlords qui voyaient le sol mal cultivé et appauvri par une population inhabile et trop nombreuse, expulsèrent leurs anciens hommes de clan, les transportèrent de leurs montagnes près de la mer, sur une mince bordure de côte, où ils furent entassés, quand ils ne les transportèrent pas plutôt en Amérique.

Pendant tout ce siècle, les crofters menèrent une existence de plus en plus misérable. Tous les remèdes successivement expérimentés ont échoué jusqu'au jour où, sous la pression d'un grand mouvement politique qui menaça de dégénérer en mouvement insurrectionnel, les législateurs de Westminster votèrent une loi qui réglait à la fois d'une manière générale et dans les menus détails un *modus vivendi* très spécial entre landlords et crofters.

L'énergie inflexible que les Anglais apportent à l'exécution de leurs projets a pu donner un facile crédit à l'explication historique de la transformation brusque des droits des chefs et des hommes de clan. Les événements économiques qui suivirent la période semblent à leur tour la démonstration par le fait de l'affirmation des premiers historiens.

C'est pourquoi ceux qui suivirent se sont crus dispensés de vérifier la teneur même des acts incriminés et les ont accusés de bonne foi d'avoir opéré une révolution juridique dont ils ne disent pas un mot. Nous avons lu soigneusement tous les textes cités, et nous n'avons rien trouvé qui justifiât l'opinion reçue.

C'est pourquoi nous nous sommes livré à une double étude ; d'une part, nous avons recherché dans les écrits de ceux qui visitèrent les Hautes-Terres et les Iles soit à titre officiel, soit à titre privé, quelle était la condition de fait des hommes de clan ; comment se pratiquait parmi eux la culture du sol ou l'élevage des animaux ; d'autre part, nous avons consulté l'histoire de la législation écossaise pour savoir dans quelle mesure apparente ou effective elle avait agi sur le clan et préparé les événements de la fin du XVIIIe siècle et du commencement du XIXe.

Nous pensons que, au moment des acts de 1746 et de 1747 (1), une transformation économique était déjà assez avancée, qu'en outre, la révolution juridique était

(1) Nous disons les acts parce qu'il y en eut toute une série. L'act qui dans l'esprit des partisans de la révolution brusque aurait accompli à lui seul un pareil bouleversement dans la propriété n'est pas isolé. Il est compris au milieu d'autres qui tous organisent des mesures contre les clans.

faite depuis longtemps, mais n'avait pas eu l'occasion de se manifester au regard des hommes de clan. Les acts en question ne seraient que l'occasion de la manifestation juridique qui les suivit, et non la cause (Liv. I et Liv. II).

Puis la question au XIXe siècle aurait pris une physionomie toute spéciale. Le problème crofter serait devenu bien plutôt un problème économique qu'un problème juridique. Assurément, l'élévation arbitraire de la rente par suite de l'impossibilité de fait d'y consentir librement chez les tenanciers et l'insécurité de celui-ci dans sa tenure, sont des facteurs juridiques qui ont influé sur la condition des crofters ; mais le rapport de la population aux moyens de subsistance a été certainement le point capital de la question, autour duquel les autres n'ont fait que se grouper (Liv. III).

Nous verrons comment de tâtonnement en tâtonnement on est arrivé au vote de la loi de 1886.

Dans les comtés que nous étudierons, en effet, au lieu que le temps ait mêlé et confondu les hommes dans une variété de conditions qui leur permettent de s'élever ou de s'abaisser par degrés insensibles dans l'échelle sociale, au point de laisser indifférents les souvenirs du passé et de consolider, par une prescription qui les rend à la longue respectables, les droits nés de la force ou de l'iniquité des législations révolutionnaires, le temps n'a fait qu'aggraver la rupture d'équilibre provoquée en 1747. La raison en est que les acteurs de cette évolution jadis reposant les uns sur les autres — les chefs sur la force que leur donnaient leurs hommes ; les hommes, sur l'autorité, l'influence, la direction que leur donnait leur chef — se sont trouvés tout d'un coup séparés et placés aux deux pôles de la société purement économique dans laquelle ils se trouvaient brusquement transportés. Les chefs de clan, détenteurs d'immenses espaces de terrain, ne sont plus que de très riches propriétaires, indifférents à tout, sauf à la rente qu'on leur paie ; les hommes sont de pauvres cultivateurs et de petits éleveurs qui vivent misérablement. Entre les deux situations, il n'y a point de condition intermédiaire. Les nouveaux landlors de plus en plus indifférents ne sont que des spéculateurs ; les anciens hommes de clan, privés d'industrie, et multipliant sans cesse, s'appauvrissent de jour en jour. Ils n'ont aucun moyen d'améliorer leur sort.

On comprend dès lors que le souvenir du passé se soit fidèlement gardé dans les esprits. Les vicissitudes du présent l'ont même paré d'avantages qu'il n'offrait assurément pas : les polémistes, les historiens eux-mêmes s'y sont parfois laissé prendre, et l'une des difficultés de celui qui écrit pour la première fois une histoire d'ensemble de la question crofter est précisément de faire abstraction de ces comparaisons qui reviennent sans cesse et dans lesquelles la reconstitution historique est bien plutôt l'affirmation de la contradiction du présent que le rétablissement de faits vérifiés et contrôlés.

Quand les troubles des crofters provoquèrent la loi

nouvelle, le Parlement se trouvait en face d'un problème non pas essentiellement juridique, mais social.

Ce n'était pas une forme quelconque de convention dont il fallait préciser les termes ; c'était la condition générale de tout un petit peuple à organiser.

Il s'agissait tout à la fois de tenir compte des sentiments populaires sans renier le passé officiel, de créer des liens de droit nouveau qui donneraient aux crofters une nouvelle condition plus sûre, sans heurter par trop les landlords.

Le crofters'act contient encore une idée en germe dont nous pouvons déjà saisir le développement.

Les Anglo-Saxons, quand ils ne peuvent enrayer un mouvement contraire, cherchent de suite à en tirer un parti. Les esprits clairvoyants ont aperçu celui qu'on pouvait tirer d'une réforme législative pour préparer une renaissance de la petite propriété foncière dont l'idée a déjà hanté pour l'Angleterre les législateurs de Westminster. Aussi la loi a posé quelques pierres d'attente pour des réformes ultérieures en ce sens.

Le crofters'act se présente ainsi comme une transaction entre les souvenirs du passé, les difficultés économiques présentes, et la préparation d'un avenir sur le sort duquel on peut déjà faire quelques pronostics (Liv. IV).

Nous dirions volontiers que c'est une loi qui, malgré la multiplicité de ses détails, doit faire masse dans les esprits pour être bien comprise.

Il faut la voir un peu de recul, au risque de laisser

dans le flou des détails intéressants à observer. Elle doit produire sur les esprits une impression semblable à celle des paysages de la petite nation pour qui on l'a créée. A côté des grandes lignes que la lumière rend saisissantes, il y a toute une partie que les tons bleus du brouillard laissent mystérieuse, que l'on imagine plus qu'on ne saisit. A côté d'un grand luxe de réglementations précises qui fait croire tout d'abord à une œuvre nettement arrêtée, on sent cependant des souvenirs vagues, des aspirations imprécises dont la négligence rend chez le commentateur la loi absolument incompréhensible.....

Il nous arrivera d'approuver, dans le commentaire que nous ferons de cette loi, des solutions qui heurtent profondément les conceptions françaises. On voudra bien considérer que nos opinions sont purement relatives et que nous condamnerions le plus souvent l'importation en France d'institutions que nous estimons excellentes pour l'Ecosse.

Malgré toutes les réserves que nous avons pu faire, la part de responsabilité qui nous incombe est encore assez grande pour que nous soyons obligé de nous excuser de toutes les erreurs, de toutes les inexactitudes qui se seront glissées dans un travail traitant pour la première fois d'ensemble, une question des plus délicates qui exigerait chez l'auteur une longue expérience pratique des hommes et des choses d'Outre-Manche et une science de l'histoire que nous ne possédons pas.

Nous serons heureux si ceux qui viendront après nous estiment que nous leur avons évité un temps précieux à la recherche des documents, et que nous avons contribué quelquefois par nos critiques à leur faire trouver la vérité.

LIVRE PREMIER

PROBLÈME DES ORIGINES

CHAPITRE PREMIER

HAUTES-TERRES ET ILES DE L'ÉCOSSE.

L'organisation du clan n'exista jadis que dans cette partie de l'Écosse connue aujourd'hui sous le nom de Hautes-Terres et des îles Hébrides. Les montagnes rendaient l'entrée du pays à peu près inaccessible. Aussi, la vieille race gaëlique put-elle s'y conserver très pure, en sorte que l'Écosse resta toujours partagée entre deux races distinctes : au nord, les Celtes ; au sud, dans les Basses-Terres, les Anglo-Saxons.

Aujourd'hui même, les deux races se distinguent encore nettement. Qu'on s'élève au nord de la région industrielle de Glasgow pour pénétrer dans les pittoresques et solitaires highlands, on y entendra comme jadis parler la vieille langue gaëlique.

A la fin du XIVe siècle, les clans apparaissent nettement (1) comme institutions sociales. Qu'ils aient été les premiers éléments de la tribu celtique et lui aient survécu comme le pense sir Henry Maine ou qu'au contraire ils soient nés de la dislocation de ces anciennes tribus, comme l'indique M. Skene, il est indifférent de l'établir pour la question que nous avons à examiner (2). Il importe seulement de retenir que, au temps des anciennes tribus celtiques, la propriété privée n'existait certainement pas, qu'une sorte de droit de propriété commune appartenait au groupe.

Quand les clans commencèrent à paraître comme individualités indépendantes, rien ne fut changé, la propriété du sol demeura jusqu'à la fin chose secondaire.

§ 1. — Condition politique des clans.

Le clan se compose de la famille du chef, de ses serviteurs, et de ceux qui se sont enrôlés sous sa bannière. On observe partout la dépendance la plus entière, le dévouement le plus absolu à l'égard du chef. Au-dessous de lui sont les chieftains qui sont ou ses descendants ou des chefs de bande qui se sont mis à son service. Tous le suivent avec fidélité, dans la bonne et la mauvaise fortune. Le chef, de son côté, est attaché à ses hommes, c'est d'eux seuls qu'il tient toute sa puissance. La rente compte pour peu de chose et la terre également. Quand

(1) Skene, *Celtic Scotland*, vol. 3, p. 307.
(2) Skene, *loc. cit.*, vol. 3, p. 137.

on demandait à un chef la rente de son domaine, il répondait : « Je puis lever cinq cents hommes » (*Observations on the present state of the Highlands by the Earl of Selkirk*, p. 13).

Quand les familles étaient nombreuses et quand le domaine du chef devenait très étendu, on prit l'habitude de diviser le territoire entre les plus jeunes membres de la famille, en retour d'une rente plutôt nominale ; ces nouveaux chefs de groupe s'appelaient chieftains ; ils occupaient une partie de la terre suffisante pour entretenir leur famille, le reste était distribué par petites portions entre les hommes qui marchaient sous leur bannière. Le groupe appartenant au chieftain se subdivisait ainsi à son tour par petits villages de cinquante à soixante. Ils travaillaient un peu pour lui et s'engageaient surtout à le suivre à la guerre (1).

Le clan s'étendait encore par les adoptions. On sait que ce système fut longtemps en usage en Irlande et en Ecosse.

A côté du clan, répandus dans les montagnes et menant une existence de pillards, se trouvaient des hommes qui n'appartenaient à aucun clan ; ils tiraient uniquement leur subsistance des bestiaux qu'ils volaient ou des déprédations qu'ils exerçaient au préjudice des clans organisés jusqu'au jour où ils étaient exterminés ou assimilés ; ils furent longtemps la terreur des habi-

(1) *Letters from a gentleman in the North of Scotland*, 1726, vol. 2.

tants des Hautes-Terres ; aussi les clans et le gouvernement d'Edimbourgh essayèrent-ils de les combattre. On appelait ces hommes des Broken men. Ils venaient la plupart du temps des domaines qui avaient été frappés de forfaiture et dont le chef avait disparu.

Pour restreindre autant que possible leurs déprédations, le gouvernement royal prit l'habitude de rendre les chefs de clans responsables de la conduite de leurs hommes. Ils reçurent également des délégations du pouvoir à l'effet de poursuivre les broken men (1).

Les statuts d'Iona en 1609 (2) nous montrent combien la présence des broken men était à charge aux tenanciers paisibles. Ils avaient donné lieu à une intervention du parlement dans les siècles qui précédèrent celui-ci ; on fit une loi déclarant que l'on ne tolérerait aucun homme dans les îles qui ne justifierait pas d'un revenu suffisant et qui ne se livrerait pas à un commerce lui permettant de vivre. Toute personne née en dehors du pays et vivant à la charge des habitants devait être poursuivie. Les statuts d'Iona qui nous renseignent si complètement sur la vie des clans nous montrent que, dans les îles, notamment, il existait une assez grande démoralisation provoquée par l'ivrognerie ; le peuple s'adonnait aux liqueurs fortes, et l'abus qu'il faisait de l'eau-de-vie semble avoir été la principale cause de sa pauvreté.

(1) Gregory, *History of Scotland*, p. 91.

(2) Argyll, *Scotland as it was and as it is*, p. 3, et Dabriad, *the Crofter in History*, p. 43.

On a gardé longtemps et jusqu'au XVIIIe siècle les conceptions les plus ridicules ; on croyait aux esprits, à la magie ; il y avait des invocations que l'on devait réciter en traversant certaines vallées ; il y avait aussi une manière de mettre à la voile quand on partait pour un voyage et ne pas l'observer était une grande impiété. A tout cela se mêlaient des sentiments chrétiens plus ou moins déformés. C'est ainsi qu'on guérissait de la fièvre en éventant le malade avec des feuillets de la Bible. L'habitude d'être toujours en guerre faisait qu'on négligeait complètement les habitations ; les chefs menaient une vie aussi grossière que celle de leurs hommes. Les statuts d'Iona dont nous avons parlé durent leur enjoindre d'avoir un train de maison et d'y suffire par leurs ressources personnelles sans lever des taxes sur leurs tenanciers. La vie se passait presque complètement dans la paresse. Les travaux les plus rudes étaient abandonnés aux femmes. En outre, le vol était regardé comme un légitime moyen d'existence. Il était aussi bien vu que le travail, et ce n'était point un crime, dans le code de l'honneur des Hautes-Terres, que de dérober des moutons. Il y avait, du reste, un certain mérite à s'en emparer puisqu'ils habitaient la même maison que le Highlander. Enfin, l'éducation morale manquait complètement ; il n'y avait ni clergé régulier ni école ; les statuts d'Iona se virent forcés d'ordonner que les églises fussent réparées, des allocations régulières payées au clergé de la religion réformée ; enfin, que tout gentleman ou yeoman, possesseur de 60 têtes de bétail, envoyât son fils ou sa fille aînée à l'école, dans les Basses-Terres.

Les luttes entre les clans forment la majeure partie de leur existence. Pendant tout le XVIe siècle, ces luttes ensanglantèrent le pays. En 1587 (1), un act prit des mesures relatives à l'apaisement du pays et au rétablissement de l'ordre dans les Hautes-Terres et les îles. Du reste, si précaire qu'ait été la situation des hommes de clan, exposée qu'elle était aux hasards de luttes continuelles; elle était cependant supérieure à celle des tenanciers des Basses-Terres. Ceux-ci, en effet, à la fin du XIVe et au commencement du XVe siècle étaient complètement à la merci de leurs landlords, qui les expulsaient sous les prétextes les plus futiles et les dévalisaient honteusement. Pendant tout le XVe siècle, le Parlement essaya de remédier, par une série d'actes, aux exactions des landlords (2).

§ 2. — Luttes entre les clans et l'autorité royale.

I. — L'autorité royale lutta pendant trois siècles contre les clans, tantôt par la force, tantôt par la séduc-

(1) Skene, *Celtic Scotland,* vol. 3, p. 328.
Voir également un autre act de 1594 *for punishment of thift, reif, oppression, and sorning* ; on y trouvera une liste des clans ; on y trouvera également une liste de broken men.

(2) Voir les acts aux années 1449, 1457, 1491. Cf. Mackintosh, *History of civilisation in Scotland,* vol. 1, p. 425. Voir ce qu'il dit de la *Complaynt of Scotland* publiée en 1549, vol. 2, p. 290.

tion, tantôt par la ruse. Ceux qui reçurent le plus souvent mission de combattre les clans furent le comte d'Argyle dans le Sud-Ouest et le comte de Huntley dans le Nord. Le chef des Campbell d'Argyle avait longtemps pratiqué une politique d'empiétements sur les petits clans et les petits chefs du voisinage. Quand il fut fait comte d'Argyle, il devint l'exécuteur des volontés royales contre les clans. Dans l'été de 1503, toutes les chartes accordées par le roi aux vassaux des îles dans les cinq dernières années furent révoquées. D'Argyle reçut le titre de lieutenant du roi avec mission de s'emparer de tout le territoire et de le louer pour trois années. Il chassa les propriétaires et les tenanciers pour établir ses créatures (2). Que pouvaient devenir les gens ainsi expulsés, sinon des voleurs et des pillards qui grossissaient les rangs des broken men ? Le comte de Huntley fut de son côté créé sherif d'Inverness avec en outre juridiction sur les districts de Ross et de Caithness (2). Ce vaste territoire était presque indépendant.

Le roi faisait une sorte de marché avec Huntley et Argyle. Il leur donnait les droits les plus étendus pour extirper du pays les bandes barbares. Il leur donnait souvent des lettres qu'on appelait lettres de fer et de feu (letters of fire and sword) (3). Ils acquéraient par là le pouvoir de commettre toutes les atrocités possibles

(1) Gregory, *History of the Highlands and Islands*, pp. 94-96.
(2) *Acts of Parliament of Scotland*, pp. 240, 242, 247, 250.
(3) Mot à mot : lettres de feu et d'épée.

sur le territoire de leurs ennemis ; ils pouvaient brûler, piller, voler à leur aise ; ils étaient considérés comme accomplissant une œuvre utile (1).

Au XVIIe siècle, beaucoup de lettres de fire and sword furent délivrées, ce qui montre la faiblesse du pouvoir royal à l'égard des clans. C'est ainsi encore qu'en 1666 notamment, le gouvernement dut charger les chefs, dans les districts troublés, de poursuivre les rebelles.

Le roi essaya également d'acheter l'amitié des clans. En 1690, il chargea le comte de Breadalban de corrompre les chefs des clans ou, si l'on veut, d'acheter leur soumission, et mit à sa disposition une somme de 20.000 livres. Une proclamation fut lancée en août 1690, ordonnant à tous les chefs de prêter le serment de fidélité devant un magistrat civil avant le 1er janvier 1692, à peine d'être poursuivis pour trahison ; les chefs refusèrent d'abord de se rendre auprès de Breadalban ; ils restèrent plusieurs mois en défiance dans leurs montagnes.

Enfin, ils prêtèrent le serment qu'on leur demandait. Quelques personnages furent désappointés par cette soumission, entre autres sir John Dalrymple de Steair qui avait été lord advocate et était Secrétaire d'Etat en Ecosse. Il aurait voulu avoir un prétexte pour faire un massacre général. La veille de la tuerie de Glencoë, il écrivait : « Voici qu'Argyle m'informe que Glencoë n'a

(1) Mackintosh, *loc. cit.*, vol. 3, p. 247, 248.

pas prêté serment; je m'en réjouis, c'est une grande œuvre de charité que de ne pas manquer à détruire ce clan maudit, le pire de toutes les Hautes-Terres. » Dans la nuit du 13 février 1692, le massacre de Glencoë fut accompli (1).

II. — Mais le genre de lutte entre les clans et le pouvoir royal qui est le plus intéressant pour la question que nous étudions, c'est celui qui se place sur le terrain juridique. Avant d'entrer dans les détails, il convient de rappeler quelques principes essentiels du droit écossais qui nous permettront de comprendre cette lutte, et en même temps le sens que certains esprits ont pu donner aux acts de 1747 et 1748.

Dès le XIIe siècle, la terre en Ecosse commença d'être divisée en royalty et regality. Dans le premier cas, la justice appartenait aux juges du roi; dans le second, elle était entre les mains des nobles ou du clergé.

Une grande partie du territoire fut convertie en regality. La juridiction de regality s'étendait à tous les cas, excepté celui de trahison. En outre, les concessions en libre baronie n'impliquaient pas seulement la tenure la plus haute et la plus privilégiée; mais aussi, à côté de la juridiction la plus étendue, tous les bénéfices, tous les avantages que l'on pouvait en retirer (2).

Dès le XIIIe siècle également, il fut considéré qu'une

(1) *Annals and Correspondence of the Viscount, and the First and Second Earls of Stair*, 1875, vol. I, p. 159.

(2) Cosmo Innes, *Lectures on Scotch legal antiquities*, p. 42. Mackintosh, *loc. cit.*, vol. 3, p. 230-231.

charte de concession était nécessaire pour avoir des droits sur la terre (1). La prescription ne constituait de droits qu'à la condition d'être prouvée devant la Cour du roi. Quand la possession était établie pour quatre générations, il appartenait alors au roi de délivrer un titre ; mais si la partie demanderesse ne faisait point la preuve qui lui était demandée, ce qui devait arriver dans la plupart des cas, il y avait moyen de s'arranger. Il arrivait souvent que des clauses de style étendaient bien au delà le droit du titulaire ; c'est surtout au regard des terres communes que des empiétements scandaleux furent consacrés. Le sol jadis approprié et occupé en vertu d'un titre n'était le plus souvent qu'une étroite bande de terre sur le bord des rivières ou le long de la mer. Les clauses de style l'agrandirent dans des proportions énormes.

Des formules très vagues comme celles de « tourbières et bruyères », sans spécification du terrain compris dans la formule, ou encore « le droit sur rivage de la mer », la concession *cum piscariis* prirent avec le temps une extension très grande. Elles permirent plus tard aux chefs de clan de se considérer comme maîtres de tout le pays (2).

Avant le XVe siècle, on menait dans les clans des

(1) *Acts of Parliament of Scotland*, vol. I, pp. 51, 70, 71, 74, app. à la préf., 90-92. — W. E. Robertson, *Scotland under her early Kings*, vol. I, pp. 289-290.

(2) Cosmo Innes, *Lectures on Scotch legal antiquities*, pp. 154, 155, 156.

Hautes-Terres la vie patriarcale. Les hommes qui occupaient le sol de génération en génération, semblaient partager avec le chef un véritable droit de communauté. Quand l'investiture féodale fut imposée, les chefs seuls prirent des titres qui leur donnaient en même temps les droits de juridiction dont nous venons de parler.

Enfin, dès le XVIe siècle, un système de publicité foncière existait déjà en Ecosse. Il reçut son complet développement par l'act de 1617, chapitre 16 (1).

Voyons, maintenant, comment cette organisation de la propriété foncière fut mise à profit contre les clans. Dès 1597, tous les habitants des Hautes-Terres et des îles qui prétendaient avoir un droit sur le sol furent mis en demeure par le Parlement de produire leurs titres devant les lords de l'Echiquier à Edimbourgh (2) à peine de perdre tous leurs droits.

(1) Allan Menzies, *Conveyancing*, p. 162 et suiv.

Il y a en Ecosse 3 sortes d'enregistrement : 1° enregistrement judiciaire à l'effet de rendre un titre exécutoire ; 2° enregistrement conservatoire organisé par l'act William and Mary 1698, ch. 4 ; 3° l'enregistrement à fin de publicité, pour rendre les droits opposables aux tiers. Cet enregistrement est celui dont nous nous occupons ; il s'applique à tous les droits réels et à toutes les constitutions ou transmissions de ces droits.

Les Ecossais ont toujours tiré vanité de leur publicité foncière. — V. Menzies, *loc. cit.*, p. 167. — V. les considérations générales du rapport de Sir John Sinclair, 1795, sur les Hautes-Terres.

(2) That the inhabitants of the Ilis and Hielandis shaw their haldings. « ... It is statute and ordained that all landlords chieftains and leaders of clans, principal householders, heritors and other possessors or pretending right to any lands within the Highlands and Isles shall betwixt this and the fifteenth day of May next come to compear before the Lords of his Highness's Exchequer at Edinburgh or where it shall

Beaucoup de chefs surtout dans les îles avaient pris soin de se faire délivrer des titres, mais beaucoup les avaient perdus notamment durant les troubles et les luttes qui suivirent la forfaiture des lords des îles. D'autres n'avaient aucun droit sur leurs terres que celui qui dérivait précisément des lords antérieurement spoliés par la couronne. Il arrivait aussi que le droit au clan avait été disputé par plusieurs personnes qui toutes avaient pris des chartes mais à des époques différentes. Dans un grand nombre de cas, le droit féodal avait été concédé à une famille étrangère, tandis que la terre était possédée par une autre. Enfin le plus grand nombre de chefs n'avaient d'autres titres que la possession immémoriale qu'ils tenaient de leur épée.

Alors, beaucoup de ceux qui possédaient un droit nominal sur la terre en vertu de titres féodaux qu'ils

happen to sit for the time and there bring and produce with them all their infeftments rights and titles whatsomever whereby they claim right and title to any part of the lands and fishings within the bounds foresaid, and then find sufficient caution acted in the books of Exchequer for yearly and thankful payment to his Majesty of his rents yearly duties and service addedit by them furth of the lands possessed and occupied by them or any in their names and that they themselves their men, tenants, servants, and dependants shall be answerable to his Highness's laws and Justices » ; — et la sanction était qu'ils devaient « to forfeit amit and tyne (perdre) all pretended infeftments and other right and title they have or may pretend to have to any lands whatever they have holden or pretend to hold of his Majesty either in property or superiority which their pretended infeftments and titles thereof in case of failure are now as then and then as now declared by this present Parliament to he null and of no avail force or effect in themselves ». — *Acts of Parliament*, vol. IV, p. 138.

n'avaient jamais pu faire respecter pensèrent mettre la loi nouvelle à profit.

Les chefs de clan furent dans la nécessité de défendre leurs droits par les mêmes armes que celles qu'on entendait leur opposer (1).

Les Celtes ont toujours eu un profond mépris pour les titres écrits qui établissent ou concèdent des droits. Ils les appellent dédaigneusement des « peaux de mouton ». Au contraire, ils ont toujours fait grand cas des généalogies (2). C'est du reste un sentiment très répandu dans toute la Grande-Bretagne.

Au temps des clans, quand un chef devenait puissant il était entouré d'une cour de Sennachies, qui étaient les bardes ou les historiens de sa race. Ils avaient le devoir de lui trouver une origine antique et illustre. Ils jouissaient d'un grand crédit ; mais quand, par hasard, le clan était vaincu et détruit ou qu'ils perdaient eux-mêmes la confiance du maître, ils devenaient bien vite les pires des broken men. Le Parlement dut s'occuper d'eux et on trouve un act de 1457 qui ordonne de leur couper les oreilles et de les chasser ; de les pendre s'ils reviennent. Mais on sait le compte que tenaient le plus souvent des acts du Parlement les chefs de clan (3).

C'est à l'aide des généalogies dressées par ces Sen-

(1) Skene, *Celtic Scotland*, vol. 3, p. 347.

(2) Burton (James Hill), *the History of Scotland from Agricola's invasion to the Revolution of 1688*, vol. 6, p. 304.

(3) *Acts of Parliament*, t. 2, 1457, c. 26.

nachies que beaucoup de chefs de clan se firent établir des titres. Le XVIe siècle est l'époque où l'on écrit les généalogies des grandes familles. D'ordinaire ces généalogies assignaient comme ancêtre mâle du clan un Norwégien, un Danois, un Normand, ou un cadet de quelque famille illustre, qui aurait succédé aux anciens chefs en épousant la fille ou l'héritière du dernier membre de la lignée celtique. On faisait le plus souvent dériver le nom du clan plutôt du surnom personnel de son fondateur que de son nom patronymique (1).

Si les généalogies avaient le défaut d'être purement traditionnelles, une complication s'ajoutait encore de ce fait que la succession ne passait pas toujours au descendant lui-même ; elle passait quelquefois à un parent plus fort que celui-ci. De plus le clergé, pendant des siècles, n'a pu faire admettre la distinction entre le mariage et le concubinage ; de là une nouvelle source de confusion (2). Quand le lord des Isles fut élevé à la pairie, on réserva le bénéfice à son descendant illégitime.

Enfin, les Écossais avaient l'habitude, qui s'est conservée encore jusqu'au commencement de ce siècle, de changer de nom avec une grande facilité (3).. C'est à

(1) Skene, *loc. cit.*, vol. 3, p. 349 et suiv., explique la formation de ces généalogies.

(2) Burton, *loc. cit.*, vol. 6, p. 305.

(3) Le duc d'Argyll raconte qu'un jour un de ses amis se trouva en face d'un homme qu'il se rappelait avoir rencontré quelque temps auparavant, mais qui ne se donnait plus le nom par lequel il l'avait entendu appeler. Il l'interrogea sur ce fait et son interlocuteur répondit : « Je

l'aide de ces généalogies plus ou moins fantaisistes que les chefs de clan obtinrent des titres qui les mirent à l'abri de la forfeiture. Tant qu'ils eurent besoin de leurs hommes autour d'eux pour se défendre contre les voisins, ils n'usèrent pas de leurs titres autrement, ils n'y songèrent même pas. Mais quand ils perdirent plus tard leur influence politique et leurs droits de justice, ils n'eurent qu'à invoquer ces titres pour être considérés comme propriétaires exclusifs du sol. Ainsi, d'une arme dont la royauté s'était servie contre eux, ils s'en firent une à leur tour, comme nous le verrons, contre les hommes de clan.

Pendant que certains chefs se faisaient ainsi octroyer des chartes par le roi, ils recevaient le droit de regalty; car la justice du roi ne pouvait s'exercer efficacement dans les montagnes et dans les îles. On consolidait ainsi le pouvoir de justice qu'ils exerçaient en fait sur le clan. Le jour où, en 1747, on leur enlèvera le droit de justice, on pourra ainsi légitimement les désintéresser en argent ; ce qui sera un moyen détourné de les acheter.

Toutefois beaucoup de chefs de clans ne purent ou ne voulurent se fabriquer des généalogies et des titres ; particulièrement les petits chefs des îles. L'île de Lews fut ainsi frappée de forfeiture. La couronne mit les

portais, en effet, l'an dernier, le nom sous lequel vous me connaissez ; mais j'habitais l'autre versant de la montagne. » Argyll, *Scotland as it was and as it is*, vol. 2, p. 318.

On sait que les grands-parents de Livingstone s'appelaient Mac Leay.

districts frappés à la disposition d'aventuriers des Basses-Terres. Ils vinrent sous la conduite du duc de Lennox. Ils devaient occuper les terres sans payer de rente pendant sept ans, au bout desquels ils auraient été tenus de payer une taxe à la Couronne. On commença à mettre le sol en culture ; et, après quelques tentatives infructueuses, les nouveaux colons retournèrent dans les Basses-Terres.

Cet insuccès dans des plantations qui rappellent celles de l'Ulster décida le gouvernement à changer de tactique et à développer l'influence de quelques grandes maisons. Nous avons vu comment il chargea Huntley et Argyle de poursuivre les petits clans et comment il ferma les yeux sur les empiétements des chefs de ces deux maisons sur leurs voisins.

Enfin la Couronne prit toutes mesures propres à énerver de plus en plus l'autorité et l'influence des chefs de clan (1). Elle rendit les principaux chefs solidairement responsables les uns des autres pour l'observation d'une foule d'obligations. Les clans devaient rester paisibles ; leurs chefs comparaître devant le Conseil tous les ans et plus souvent s'ils en étaient requis ; présenter chaque année un certain nombre de leurs principaux parents, construire des maisons en rapport avec leur rang, donner l'exemple du travail de la culture, louer leurs terres à époques fixes ; s'abstenir d'exactions contre les paysans dans leurs voyages.

(1) V. sur tous ces points, Burton, *loc. cit.*, vol. 6, p. 309 et suiv.

§ 3. — Régime économique des clans.

Les clans ont employé le XVIe et le XVIIe siècles à combattre entre eux, ou contre le pouvoir royal ; toutefois ils présentent à cette époque un commencement d'organisation et d'exploitation du sol. Les relations qui naissent de cet état économique nous paraissent en contradiction avec la notion même de copropriété. Il y eut une stabilité de fait pour les raisons militaires que nous avons données plus haut ; rien de plus.

Pour étudier la condition économique des anciens clans, il convient de distinguer entre les Hautes-Terres et les Iles. L'histoire des premières est bien différente de celle des secondes ; néanmoins, il existe, au point de vue qui nous occupe, des caractères communs que nous examinerons ensemble après un rapide tableau des deux régions.

I. — Ce qui frappe particulièrement dans la situation économique des îles Hébrides, c'est que, au XVIe siècle, elles étaient dans un état de grande prospérité, tandis que, depuis lors, elles ont été continuellement en décadence.

On possède une double description de ces îles qui fut faite au XIVe siècle. L'une remonte à 1549 ; elle est due au doyen des îles, Sir Donald Munro. Elle est le résultat d'observations et d'investigations qu'il fit lui-même. L'autre doit être placée entre 1577 et 1595. Elle est le résumé d'une enquête ordonnée par le gouvernement et elle complète utilement la description de Sir Donald Munro.

Les deux récits s'accordent pour montrer la fertilité de la plupart des îles. Il y en a même qui exportent sur le continent (1). Il y avait donc, dès cette époque, un

(1) Ce rapport très intéressant a été publié *in extenso* en appendice au livre III de Skene, *Celtic Scotland.*

Nous extrayons de ce rapport les passages qui montrent la fertilité des îles Hébrides et forment un si grand contraste avec les récits de Pennant, du Dr Walker, de Buchanan.

This Ile of Lewis is very profitable and fertile alswell of corns as all kind of bestiall wild fowl and fishes, and speciallie of beir, sua that thair will grow commonlie 20, 18, or at the leist 16 bolls beir yeirlie eftir ilk bolls sawing.

430. Thair is ane fair forrest called Otterisdaill in this Ile quhairin is mony deer and thairthrow plasand hunting, albeit it be but 20 merk land of auld extent.

430. Thair is na woods nor great rivers in it, but thair is mony deir in it.

431. Rona (Bernera) Lewis is ane Ile of four mile long perteining to Mc Cloyd Lewis, and it is 80 merk land. It payis 120 bolls victuall yeirly by all uther customes and maillis. It is verie fertile of corns and store of gudes and quhyte fishes, but saltis na fisches, but eittis thair staiking and castis the rest on the land, and will raise 60 men.

431. Helsker is ane gude, commodious, and fertile Ile, alsweill of gudes as of corns; for albeit it be but ane mile lang and ane merk land of auld extent, it payis yeirlie to the monasterie of Colmkill, to quhom it apperteins, 60 bollis victuall by uther customes.

433. Raarsa is ane Ile of five mile lang and thrie mile braid, perteining to the Bischop of the Iles; but it is occupiet and possest be ane gentleman of Mc Cloyd Lewis kin, callit Gillechallum Raarsa. His offspring bruikis the same yit, and are callit Clan Gillehallum of Raarsa. He hes ane strange little castell in this Ile, biggit on the heid of ane heich craig, and is callit Prokil. It is but 8 merk land, and will raise 80 men. It payis yeirlie to the bischop 16 merks, but tho the capitaine thairof it payis of sundrie tributes better nor 500 merks.

433. Eg is ane Ile verie fertile and commodious baith for all kind of

commencement d'agriculture et d'amodiation du sol.

Mais, en ce qui concerne la condition des personnes, les statuts d'Iona en 1609, dont nous avons déjà parlé et qui furent précédés du rapport de l'Evêque des îles,

bestiall and corns, speciallie aittis, for eftir everie bolls of aittis, for eftir everie bolls of aittis sawing in the same ony yeir will grow 10 or 12 bollis agane.

434. Canna. This ile is gude baith for corn and all kind of bestiall.

435. Lismoir is ane ile of aucht mile lang lairge, and twa mile breid.

435. It is very fertile for all kind of corns and speciallie for beir, and will grow alsmekle eftir ane boll sawing as in the Lewis or ony pairt thair with less gudeing or labour.

436. Sanct Colms Inche (Iona) is ane Ile ane mile lang large, half mile braid, but is 30 merk land. In this Ile is the Bischop of the Iles principall dwelling places. Thair is twa religious places — ane thairof for monkis, ane uther for nunnes. In this Ile is the sepulchre of all the kingis of Scotland of auld. It is verie commodious for corns and catell.

437. Tierhie (Tiree) is ane Ile of aucht mile of lenth, and in sum pairtis but thrie mile braid, and at the bràidest is six mile braid. But it is commodious and fertile of corns and store of gudes.

437. Ila is ane Ile of 24 mile lang and twenty mile braid. It is 18 score merk land, will raise 800 men.

437. This Ile is plenteous of woodis, quhairin are mony deir, raes, and wild foullis.

438. Jura, alias Deura, is 24 mile lang, and 8 mile braid quhair it is braidest.

438. Sa mekle as it labourit and teillit of this Ile is excellent land, and verie fertile for corns.

439. Geiza (Gigha) is ane Ile of five mile lang, twa mile braid, and is 30 merk land; it pertenis to the Clan Donald. It is very plane, profitable and fertile land for all kind of corns, but any woodis, hillis, or craigis.

439. Rauchlynne is an Ile five mile lang, thrie or four mile braid; it is 30 merk land. It pertenis to the Clan Donald, and is but four mile of sea fra Irland. It is fair, fertile, and profitable baith for girs and corn, with sum grene hillis in it, and na woodis nor craigis.

rapportent que le peuple était dans une situation très précaire, comme dans les Hautes-Terres, toujours menacé par les broken men.

Au commencement du XVIIIe siècle, la culture est encore très développée. Martin, qui écrit en 1703, parle de l'île de Lewis fertile en blé, de Nort Uist où l'orge était abondante. On avait déjà l'habitude de fumer les terres avec du goëmon. Dans l'île Skye, les récoltes sont abondantes.

L'élevage même est assez développé ; certaines îles envoient à Glasgow des bœufs qu'on sale dans la peau même. Toutefois, il ne faut rien exagérer à cet égard, car les procédés d'élevage resteront encore longtemps primitifs. Ainsi, on ne fait pas de fourrage pour l'hiver ; les bestiaux paissent à l'aventure, si bien qu'au printemps ils sont si maigres et si affaiblis qu'ils peuvent à peine se lever.

Les luttes entre clans se sont apaisées, aussi voyons-nous déjà la rente s'élever. Elle a cessé d'être nominale. Assurément les chefs de clan se montrent encore faciles sur le paiement ; ils font souvent remise des arriérés ; toutefois, certains se montrent exigeants. Dans l'île de Bernera les habitants ne vont jamais pêcher quand l'intendant ou le maître sont là, de peur qu'en voyant la quantité de poissons qu'ils pêchent, ceux-ci ne soient tentés d'élever la rente. A Arran, si les habitants refusent de payer leurs rentes au terme usuel, ils sont expulsés et leurs biens saisis.

Ainsi, bien avant la rébellion de 1747, les habitants des îles se trouvaient dans une situation juridique aussi précaire qu'après les actes répressifs.

Pendant tout le XVIIIe siècle, on voit se produire une élévation considérable du taux de la rente. Aussi, quand Pennant visita les îles en 1772, il constata partout un mécontentement général à cet égard. Les chieftains qui s'étaient insensiblement transformés en tacksmen pressuraient les populations des îles.

On trouvera plus tard une autre espèce de tacksmen, ce sont les middlemen qui viendront administrer les domaines frappés de forfaiture (1).

Presque partout où aborda Pennant dans les îles, il trouva que la terre était insuffisante pour nourrir la population. Le tableau qu'il dresse de la misère de l'île de Skye montre bien que le peuple était continuellement menacé par la famine. Obligés de lutter sans cesse contre les climats désastreux, les tacksmen eux-mêmes avaient assez à faire de nourrir leur famille. Les pauvres sont abandonnés — dit-il — (2). Ils errent (3), comme les autres animaux, sur les rochers, au bord de la mer, en quête de coquillages dont ils font leur nourriture habituelle. C'est par centaines qu'ils mènent cette vie

(1) Argyll, *Scotland as it was and as it is*, p. 22.

(2) The produce of the crops very rarely are in any degre proportionned to the wants of the inhabitants ; golden seasons have happened (when they have had superfluity, but the years of famine are as ten to one). Pennant, *Tour in Hebrides*, vol. 2, p. 306.

(3) Pennant, *loc. cit.*, description de Skye, vol. 1, p. 353.

misérable. Quelques-uns meurent complètement de faim, mais un grand nombre périssent de maladies qu'engendre une nourriture malsaine et insuffisante.

Les tenanciers pauvres qui n'ont pas de parcs d'hiver sont dans la nécessité de garder le bétail avec eux sous le même toit pendant la nuit, et souvent même obligés de partager avec lui leur nourriture pour qu'il ne meure pas de faim.

A Mull, il n'y a pas assez de blé pour tout le monde ; Rum ne produit que le quart de ce qu'il lui en faut. A Canna, les gens doivent se contenter le plus souvent de poisson et de lait. A Colonsay, le prix du bétail s'est élevé de 25 shillings par tête qu'il était en 1750 à trois livres en 1772 ; mais le peuple n'a pas profité de cette augmentation, tout passe à acheter du pain. Partout, la même misère, à Islay, à Jura et à Arran.

Assurément, une partie de cette misère doit être attribuée à une routine déplorable dans la façon d'organiser la culture et l'élevage. Mais il n'en reste pas moins vrai que l'élévation continuelle du taux de la rente était la véritable cause de la misère des insulaires. Cela nous semble d'autant plus vrai qu'aux siècles précédents, comme nous l'avons vu, les îles étaient prospères et fertiles.

Le Dr Walker qui fut chargé de visiter les îles et de faire un rapport sur les domaines de ceux qui avaient pris part à la rébellion de 1747 et que le gouvernement avait confisqués, rapporte que la terre est déjà divisée en trois classes, tacksmen, tenants, sous-tenants. « Tous les sous-tenants, dit-il, sont tenanciers at will du tacksman ou du fermier, et en conséquence placés dans un état de sujétion qui n'est profitable à personne. Le tacksman fait d'abord travailler le tenant un jour par semaine pour son propre compte, sans compter les travaux de printemps, ceux de la moisson, et en plus tous les casuels. Au total, le tenancier arrive à travailler le tiers de l'année pour son tacksman. Il ne peut par conséquent s'occuper de son propre fonds, ni l'améliorer ; il en serait sans doute autrement s'il était maître de son temps et indépendant dans sa possession » (1).

Le sol était déplorablement aménagé. Il était divisé en infield ou croft land et en outfield. L'infield était divisé en trois parties ; chacune d'elles était fumée une fois tous les trois ans. Il produisait généralement de maigres récoltes d'avoine et d'orge. L'outfield était presque entièrement semé d'avoine ; à part les endroits où le bétail était parqué dans l'été, il ne recevait jamais d'engrais. C'était la culture traditionnelle. Les récoltes étaient très maigres, rarement elles rendaient le quintuple.

Le Dr Walker préconise un changement complet. Il demande que tout l'infield soit en herbage et en récoltes vertes, ce qui les rendra propres à alterner avec les moissons de grain, et que tout le fumier soit donné à l'infield.

(1) *Economical history of the Hebrides*, vol. 1, ch. 1.

Du reste, on observe partout la même négligence de l'agriculture.

Ainsi à Islay, on n'avait pas eu soin d'enclore les terres cultivées, de sorte que les bestiaux venaient manger et détruire les récoltes. Dans l'île de Skye, on se servait pour labourer d'une machine appelée caschrom. Il fallait huit hommes pour s'en servir et faire le travail qu'on aurait fait avec un seule charrue.

II. — La condition économique des Hautes-Terres était restée beaucoup plus stable. Elle demeura jusqu'à la fin uniformément précaire et misérable.

Dans une brochure intitulée : *A Memorial concerning Disorders in the Highlands* publiée en 1703, les Highlanders sont représentés comme s'exécrant les uns les autres. S'il faut en croire l'auteur, ils auraient peu progressé depuis Jacques VI. On assimile toujours le vol et le brigandage à la culture du sol ; on ne les regarde point comme crimes ; il est très bien de se venger et de tuer ses ennemis. La vie se passe dans la paresse ; on ne veut rien entendre à l'agriculture ou au commerce. Le point d'honneur et l'obéissance aveugle au chef tiennent lieu de toutes influences, qu'elles viennent de la religion ou du gouvernement établi. Les Highlanders élèvent leurs bœufs quand ce ne sont pas ceux des habitants des Basses-Terres qu'ils volent.

La condition du bétail est des plus misérables. Les animaux errent sur les terres toute l'année. Les betteraves et le foin sont également inconnus.

On a également conservé pour la culture des habitudes déplorables. On coupe l'orge et le blé au ras des épis et les tiges sont détruites par le feu (1).

En dehors de ces précaires moyens d'existence, les clans des Hautes-Terres imposent un tribut de protection (2) aux habitants des Basses-Terres, mais qui était loin de les mettre à l'abri des famines qui décimaient le pays.

Ils en étaient toujours menacés (3). Du reste, ce fut longtemps la situation de l'Ecosse et on dut rapporter plusieurs fois les lois fiscales qui interdisaient l'entrée dans le pays de denrées ou de produits agricoles (4).

Certaines famines sont restées célèbres ; ainsi la grande famine de 1740 et celle de 1782. Durant cette dernière, on dut nourrir presque complètement plus de cent mille familles (5).

Aussi, la pauvreté générale fait-elle que le landlord remet tous les ans une grande somme d'arriérés (6).

(1) Argyll, *Scotland as it was and as it is*, vol. 2, p. 19.

(2) Black mail. — V. sur la vie misérable des Hautes-Terres, *General view of the agriculture of central Scotland*. Marshall, Londres, 1794, p. 21.

(3) Cosmo Innes, *Sketches of Early Scottish history*, p. 434 ; *Journal of statistic*, décembre 1866, p. 507.

(4) Sous Charles Ier, en 1633, un bill fut présenté *in desiring that all impositions for restraining the inbringing of victual may be discharged.*

(5) Argyll, *loc. cit.*, p. 227-228.

(6) Keltie, *loc. cit.*, vol. 2, p. 7. « The poverty of the tenants rendered it customary for the chief or laird, to free some of them every year, from all arrears of rent ; this was supposed, upon an average, to be about one year in five of the whole estate ». *Burt's Letters*, vol. 2, p. 57.

Du reste l'argent a bien peu d'importance dans les Hautes-Terres, et pourvu que le tenancier mette le chef à même d'offrir la somptueuse et facile hospitalité qui est restée légendaire, celui-ci le tient le plus souvent quitte.

Dans les Hautes-Terres au XVIIIe siècle (1), les chieftains, comme dans les îles, sont devenus tacksmen, mais ils ont gardé plus longtemps leur caractère militaire.

III.—Le système général de culture en usage dans les Hautes-Terres et les îles fut longtemps le système en runrig.

Prenons comme exemple les types qui se sont conservés aujourd'hui. A la base de ce système se trouve le township.

« Quoiqu'il ne forme pas, dit M. de Laveleye, comme la commune du continent une (corporation) légale, le township conserve cependant une existence réelle dans les sentiments et dans les traditions de ceux qui en font partie, ainsi que dans l'administration des domaines des grands propriétaires, car la rente est assez fréquemment payée en bloc par le township, chaque tenancier y contribuant pour sa part (2).

« Le township est représenté par un constable que les cultivateurs élisent dans leur assemblée générale

(1) Keltie, *loc. cit.*, vol. 2, p. 6.

(2) Cf. *Report of commissioners of inquiry into the condition of the crofters and cottars*, vol. 1er, p. 17.

appelée *mot* ou *moot*, et parfois par un second constable que choisit le propriétaire » (1).

La répartition périodique du sol entre les familles formant la communauté est appelée *Run-rig*, corruption des mots gaëliques *Roinn-Ruilh*, qui signifient partage successif. Les gaëls appellent encore plus généralement ce système *mor earann*, ou grand partage.

Nous prendrons comme exemple ceux qui nous sont fournis par quelques-unes des îles Hébrides ; on se fera ainsi mieux une idée de ce que peut être le township.

On peut distinguer trois systèmes de partages.

Dans les îles de North-Uist, on rencontre un type de Run-rig qui se rapproche tout à fait du système primitif. Trois communautés agraires appelées Hosta, Caolas Paipil et Heisgir, occupent une île sablonneuse et basse, longue de trois milles et large au plus d'un mille et demi. Toute l'île est exploitée en commun par dix tenanciers, qui ne cultivent aucune portion d'une manière permanente.

Le partage se fait chaque année (2). On met à part pour le berger un lot qui occupe la lisière du sol mis en culture, du côté de la partie qui reste en pâture. Le

(1) V. Laveleye, La propriété primitive dans les townships écossais. *Académie des sciences morales et politiques*, 45e année, t. 24 (124e de la collection), 1885, p. 364 et suiv. Cf. note de M. Carmichaël, p. 451 en appendice au rapport de la commission de 1884, *loc. cit.* — V. également Skene, *Celtic Scotland*, p. 369.

(2) De Laveleye, p. 370. — Cf. Tacite, *Germania*, XXVI. — César, *De bello Gall.*, IV, I — et VI, 21.

berger se trouve ainsi intéressé à protéger la terre cultivée contre les incursions du bétail, puisqu'il en serait la première victime (1).

Le type du régime intermédiaire se trouve réalisé dans le district de Jocar, île de South-Uist (Hébrides). Ce district est divisé en neuf townships, qui se subdivisent à leur tour en 88 crofts. « Chaque crofter a d'abord son exploitation particulière, ensuite une partie de la terre arable de son township et en outre une portion d'une grande plaine nommée machair, qui est la propriété collective de neuf townships » (2). Une portion du domaine commun est allotie tous les trois ans. Ainsi, dans ce système, on voit déjà apparaître la propriété individuelle.

Dans le troisième type, en usage dans les îles de Bana, la totalité de la terre arable est dévolue à la propriété individuelle et occupée héréditairement. Le Run-rig ne s'applique qu'au pâturage comme dans les communes du continent qui ont conservé des communaux.

Encore au commencement de ce siècle, le système de run-rig appliqué aux terres arables était communément usité (3).

(1) Ce lot est appelé Imir a Bluachaille « la portion du berger ». Les lots attribués aux gens de métier dans le village anglais du moyen âge, prenaient de même le nom de la profession de l'occupant. Ex. : Le champ du potier, Evangile de St-Mathieu, ch. XXVII, 7.

(2) De Laveleye, *loc. cit.*, p. 372.

(3) Nous empruntons ci-dessus à *the Antiquary*, septembre 1881, p. 102 : Archaïc land customs in Scotland, par G. Laurence Gomme, un exemple intéressant de la transformation de la propriété collective en

C'est le deuxième mode de township qui a donné naissance au crofter que nous voyons enfin apparaître au XVIIIe siècle.

Le crofter est né de l'habitude qu'on prit (1), avec le temps, de garder les partages de terre arable comme ils avaient été faits antérieurement. On ne garda la communauté qu'en ce qui concerne les terres de pâture (2).

Le crofter apparaît ainsi comme le descendant de l'ancien homme de clan, enrôlé régulièrement sous la bannière du chef. A côté du crofter on trouve également le cottar, l'ancien broken man toléré sur le sol.

Le crofter sera aussi parfois le tenancier qui accompagnera le tacksman à qui le landlord louera d'immenses domaines à charge de les exploiter et de les mettre

propriété individuelle. It would appear that the common property has been divided among the forty eight freemen, from time to time, from the first erection of the burg (1314 ?). But the first « daill » or division of which there is any record, took place in 1604, and was to subsist until 1615. Owing however to a want of entries in the community book for a considerable period after this last date, we have no account of another « dail » till 1655, which was also to subsist for eleven years. But, from 1666 till 1771, a new partition was made every seven years, and the allotments made are regularly recorded. In this last mentioned year the freemen resolved that the division which then fell to be made should continue for 57 years. And when this period had expired, in 1828, it was determined that the continuance of the lots which were then balloted for, should be for 999 years. In 1833, it was further agreed that few rights of their lots should be granted to such of the freemen as might wish to hold their lands in that manner.

(1) Argyll, 22.

(2) V. rapport de Forbes de Culloden, 24 septembre 1737, reproduit aux appendices du rapport, 1884, vol. 1, p. 387. Argyll, *loc. cit.*, p. 13 et 28.

en valeur. Le nouveau tacksman et le nouveau crofter (1) ne se rencontrent qu'assez rarement ; mais il convient néanmoins de signaler aussi cette origine des crofters contemporains qui complique le problème.

Du reste, l'existence des tacksmen du XVIIIe siècle est assez uniforme. Qu'ils soient les anciens chieftains ou les nouveaux middlemen, ils oppriment également les petits tenanciers qu'ils ont sous leur domination.

Le crofter va devenir le facteur important de la nouvelle condition économique du clan.

Au cours du XVIIIe siècle, la rente qu'il payait le plus souvent en nature se transforme en rente en argent (2). Et le landlord voyant de quelle façon il est pressuré par le tacksman essayera de s'approprier les avantages complets de la redevance.

Il entrera en pourparlers avec le crofter et lui louera directement le sol qu'il cultive et la pâture sur laquelle il élève et nourrit ses moutons.

Ce ne sera pas toujours sans résistance de la part des tacksmen. Ceux-ci chercheront souvent à exciter le peuple contre la situation nouvelle qui lui est offerte. Et les crofters trop souvent disposés à garder leurs habitudes de routine resteront sourds aux propositions (3) du landlord.

Toutefois, la transformation dut se faire encore assez

(1) Argyll, *loc. cit.*, p. 22 et suiv.
(2) Marshall, *loc. cit.*, p. 26.
(3) Argyll, vol. 2, p. 28.

vite, car au commencement de ce siècle les tacksmen avaient disparu. Il faut dire qu'ils furent les premiers à céder facilement quand se firent les premières émigrations vers l'Amérique. Nous verrons que les armées britanniques en utilisèrent également un grand nombre.

Le crofter devint donc le tenancier direct du propriétaire dans un assez grand nombre de cas et c'est cette considération historique qui inspirera la cour de session quand, chargée de trancher le point de savoir si un sous-tenant peut bénéficier du crofters' act de 1886, elle se prononcera dans le sens de la négative contrairement à la crofters' commission.

A côté des crofters (1) et au-dessus d'eux, on trouve au XVIIIe siècle deux personnages qui survivront jusqu'à notre époque : le Chamberlain et le Birleyman. Le Chamberlain se substituera au tacksman et deviendra au XIXe siècle le facteur. Il administrera le domaine pour le compte du propriétaire, et tiendra le rôle du domaine sur lequel sera inscrit le crofter.

Le Birleyman aura un rôle très particulier. Il sera chargé de régler les difficultés relatives à la tenure, soit entre tenanciers, soit entre landlords et tenanciers. Il sera chargé de fixer le taux de la rente.

Toutefois, il le fera rarement avec une grande équité, et si Pennant a recueilli dans les îles de fréquentes doléances au sujet de l'élévation de la rente, Mars-

(1) Marshall, *loc. cit.*, pp. 25, 26 et suiv. ; Dalriad, *The crofter in history*, p. 28. La coutume du Birleyman paraît originaire du Pertshire.

hall en a reçu de non moins vives dans les Hautes-Terres (1).

On prétend d'ordinaire que la disparition du run-rig a été due à l'application d'un act de 1695 (2).

Nous pensons au contraire avec M. Skene que cet act n'a eu aucune influence sur la condition des hommes de clan. L'act ne s'occupe que du partage des propriétés ; or nous avons vu précisément que les hommes de clan n'ont jamais eu de titre, que les chefs seuls se sont

(1) Marshall, *loc. cit.*, p. 26.

(2) Voici au surplus cet act *in extenso*.

Act anent Lands lying Run-rig. Acts of Parliament of Scotland, vol. IX, p. 421. Our Soveraign Lord and the Estates of Parliament Taking into their Consideration the great Disadvantage arising to the whole Subjects from Lands lying run-rig, and that the same is highly prejudicial to the Policy and Improvement of the Nation, by planting and inclosing, conform to the several Lawes and acts of Parliament of before made thereanent : For remeid wherof His Majesty with the Advice and Consent of the said Estates Statutes and Ordains that wherever Lands of different Heretors ly run-rig, it shall be leisum to either party to apply to the Shirriffs, Stewarts, and Lords of Regality or Justices of Peace of the Several Shires where the Lands ly ; to the effect that these Lands may be divided according to their respective interests, who are hereby appoynted and authorized for that effect ; and that after due and lawfull Citation of all parties concerned, at an certain day to be prefixed by the said Judge or Judges. It is alwayes hereby Declared That the saids Judges, in making the forsaid Division, shall be, and are hereby restricted, so as special regaird may be had to the Mansion houses of the respective Heretors, and that there may be allowed and adjuged to them the respective parts of the Division, as shall be most commodious to their respective Mansion houses and Policy, and which shall not be applicable to the other adjacent Heretors : As also it is hereby Provided and Declared That thir presents shall not be extended to the Burrow and Incorporat Acres bot that notwithstanding hereof, the same shall remain with the Heretors to whom they do belong, as if no such Act had been made.

préoccupés de s'en faire délivrer. La disparition du run-rig est due à une transformation dans le mode de culture, non à une modification dans le droit de propriété.

Ainsi vers le milieu du XVIIIe siècle, on peut remarquer deux faits :

1° Les chefs de clan possèdent des titres de propriété;

2° Un certain système de culture fonctionne, qui met l'homme de clan dans une dépendance relative à l'égard des chefs et des chieftains.

CHAPITRE II

ILES ORKNEY ET SHETLAND.

Jacques III d'Ecosse épousa en 1468 Marguerite, fille de Christian I de Danemark et lui apporta en dot (1) cinquante mille florins ; mais comme le roi Christian ne pouvait payer immédiatement cette somme à son gendre, il lui donna, en gage, les îles Orcades.

Les historiens écossais, s'appuyant sur l'autorité de Torfœus (2), enseignent que, lorsque Marguerite quitta le Danemark, Christian affecta également les îles Shetland à la sûreté du paiement de 8.000 florins, reliquat d'une somme de 10.000 qu'il s'était engagé à verser à sa fille au moment de son départ pour l'Ecosse. Ils prétendent encore, mais, cette fois, contrairement à Torfœus, que le Danemark renonça, par la suite, expressément au droit de dégager les îles ; mais ils ne s'accordent point sur l'époque à laquelle se serait passé cet

(1) V. le contrat de mariage dans *the History of the Orkney Islands*, par le Rév. George Barry Kirkwal, 1867, p. 440 et suiv.

(2) Torfœus, *Orcades*. Hafniæ, 1697. — V. les textes de Bœthius, Buchanan, Sir Thomas Craig, George Mackenzie, Gifford dans Caledonia de Chalmers, p. XI, XII, XIII, XIV. — Cf. *The general grievances and oppression of the isles of Orkney and Shetland by James Mackenzie*. Edimbourgh, 1836.

événement. Les preuves qu'ils fournissent de leurs opinions ne sont pas très démonstratives et sont parfois contradictoires ; quoi qu'il en soit, au moment où les Orcades et les Shetland passèrent sous la domination écossaise, les insulaires avaient les mêmes coutumes, les mêmes droits que les habitants des îles Feroé.

A ce moment, le seul droit qui existât sur la terre était la possession de fait, qui servait à constituer la propriété ; il n'y avait aucun titre écrit, et le droit se prouvait par témoins. Cette propriété était absolue ; c'était en somme la propriété allodiale (1).

Au moment de la constitution de gage, le droit des udallers (propriétaires) fut expressément réservé ; et il fut notamment stipulé que les propriétaires du sol continueraient à tenir leur droit du même titre qu'auparavant, c'est-à-dire de la simple possession, prouvée par témoins.

Cependant, à l'époque de la Réforme (2), le droit féodal écossais commença à s'introduire. Les propriétaires se faisaient concéder des titres par la Couronne ; à la propriété, on substituait la tenure en blanch-holding. Mais, durant tout le XVIe siècle, la question fut controversée de savoir si on devait appliquer aux îles annexées la législation écossaise. Au XVIIe siècle, la question ne

(1) V. sur ce point, *An etymological Dictionary of the Scottish language by John Jamieson*, 2 vol., 1808, V° Udal ; Erskine, *Institutes*, B-ii, t. 3, 5, 8 ; Sir John Sinclair, *Report* de 1894, t. 1, p. 92.

(2) Barry, *History of Orkney*, p. 219-221.

faisait plus de doute, les îles étaient traitées comme partie intégrante du Royaume. L'act de 1695 sur les partages fut considéré par la Cour de session comme applicable aux terres des îles Orcades et Shetland, en vertu des principes du droit public écossais et non parce que toutes les terres auraient été féodalisées, comme l'insinue la commission de 1884 (1).

A la fin du XVIIIe siècle et au commencement du XIXe, la propriété allodiale se retrouve encore ; on la prouve toujours par possession, mais elle est constatée dans le livre de rente de lord Dundas (2), à qui les propriétaires paient certaines redevances tenant lieu d'impôts de la Couronne sur la terre, mais ne se cumulant pas toutefois avec la land tax. Sir John Sinclair, qui visita les îles à la fin du XVIIIe siècle (3), constate que beaucoup de propriétaires prennent l'habitude de se faire octroyer des titres réguliers en demandant la saisine à l'autorité royale, si bien que la propriété allodiale diminue de plus en plus et se transforme en blanch-holding de la Couronne (4).

(1) *Report of Her Majesty's commissioners of inquiry into the condition of the crofters and cottars*, 1884, p. 29.

(2) Sir John Sinclair, *loc. cit.*, p. 92.

(3) Rapport de 1795, p. 245.

(4) La tenure en feu-holding est née du désir d'encourager l'agriculture ; elle obligeait seulement le tenancier à des prestations et à des services personnels ; ex. : labourer.

La tenure en blanch-holding correspond au *feudum francum* des Lombards. Elle était accordée « ob praeclara in rempublicam merita et partam bello gloriam » et le tenancier ne devait payer qu'une redevance

Dans les îles Shetland, il y a vingt grands propriétaires et un nombre considérable de petits. La rente totale de la terre est de cinq mille livres par an, mais les propriétaires l'augmentent beaucoup en obligeant les pêcheurs établis sur leurs domaines à leur acheter ce dont ils ont besoin et à leur vendre le poisson qu'ils pêchent. Afin de les mettre dans la nécessité de prendre la mer, ils divisent le sol autant que possible et ne laissent à chaque tenancier qu'une terre insuffisante à le nourrir, lui et sa famille. Ils paient le poisson à peine la moitié du prix auquel ils le revendent et de même l'huile, le beurre, les peaux que leurs tenanciers doivent aussi leur céder. En revanche, ils leur vendent très cher les marchandises qu'ils leur procurent. Le résultat de cette politique a été que le peuple s'est presque complètement désintéressé de l'agriculture, ou n'y prête qu'une attention secondaire.

Dans les îles Orcades (1), il y a peu de grands propriétaires et beaucoup de petits ; mais la plus grande partie de la terre est occupée par des tenanciers. Les

nominale « the payment is one penny money or other amount altogether or nearly elusory ».

Très souvent dans les chartes on voit après la mention du payement *si petatur tantum* qui déchargeait le vassal de payer quand on ne lui demandait pas le blench-duty.

On comprend que cette tenure ait pu se substituer facilement à l'alleu. Barry, *History of Orkney*, p. 219-221, parle de feu-holding au XVIe siècle ; je crois plutôt avec Sir John Sinclair qu'il n'y avait que des blanch-holdings et que Barry a employé une expression impropre.

(1) Rapport de 1795, p. 223.

plus grandes exploitations sont en général données à bail pour sept, quatorze ou dix-neuf ans, ainsi que quelques petites exploitations ; mais la plupart des tenures sont des tenures at-will. Une partie de la terre qui était occupée en run-ring, a fait l'objet d'appropriations individuelles ; il reste encore néanmoins beaucoup de terres communes. Les rentes sont presque toujours payées en nature et les services augmentés d'une façon arbitraire. Quant aux tenanciers at-will, leur condition n'est pas, en définitive, pire que celle des locataires à bail, il est très rare qu'on les expulse ; la plupart occupent leurs terres de temps immémorial. A côté des tenanciers at-will et rattachés à presque toutes les grandes fermes, il existe un grand nombre de petites gens qu'on appelle cotters ou cottars : ils sont à la discrétion complète du fermier qui leur donne un petit cottage, un jardin et assez de terre pour semer un peu de blé et faire paître une vache ou deux dans l'été. En retour de cette modeste concession, l'exploitant peut faire travailler les cotters quand il lui plaît et les employer à n'importe quelle besogne. Quand les enfants sont à leur tour en âge de travailler, ils doivent servir l'exploitant en qualité de domestiques, au prix qu'il veut bien fixer ; si l'enfant refuse, les parents sont exposés à être expulsés de leur habitation au plus prochain terme.

Au cours de ce siècle (1), la propriété commune a

(1) *Report of Her Majesty's commissioners of inquiry into the condition of the crofters and cottars*, 1884, p. 29.

fait l'objet de partages nombreux, surtout dans les cinquante dernières années ; toutefois, il existe encore beaucoup de terres communes dont use tout le monde, propriétaires, fermiers, crofters, cotters, sans que souvent le nombre d'animaux que chacun peut faire paître soit déterminé.

Malheureusement, quand on fait le partage des terres communes, on le fait conformément aux lois écossaises ; il en résulte que la terre commune est divisée entre les propriétaires et que les autres occupants ne reçoivent absolument rien. Ce mépris de la tradition est considéré comme une grave injustice par le peuple des Shetland, car il garde toujours le souvenir confus des anciens droits scandinaves dont il croit avoir été injustement dépouillé.

On retrouve le même sentiment dans les îles Orcades. Toutefois, la question de partage du sol ne s'y pose plus ; il n'existe plus de terres communes qu'au profit de quelques petits propriétaires des paroisses de Harray et de Birday.

Le retour au passé serait une chose absurde, pratiquement impossible ; on doit toutefois retenir que, malgré l'infiltration du droit féodal, une tradition est demeurée : celle de la jouissance des terres communes par tout le monde, quel que soit le titre de chacun. Or, comme nous l'avons remarqué, chaque fois que la terre commune a fait l'objet de partages, on n'a tenu compte que du droit des propriétaires, et jamais de celui des petits tenanciers : souvent même ils ne reçurent point de compensation par une diminution de la rente au dommage qui leur était causé.

La Commission de 1884 proposa comme réforme d'appliquer aux îles Shetland le même système qu'aux îles Hébrides : la constitution légale du Township avec une étendue convenable de pâture commune. On aurait reconnu ainsi le droit exclusif des propriétaires, réglé l'exercice du droit nouveau, de façon à rendre justice au petit tenancier, préparé le partage dans l'avenir, en réformant la loi (1) sur la licitation ; enfin, l'exercice du droit de pâture commune aurait été réglementé. Nous verrons que le crofters'act n'a point tenu compte des avis de la commission ; mais, comme la situation des petits tenanciers du Nord a paru intéressante et qu'ils avaient en outre pris part au mouvement politique, on leur a accordé les mêmes avantages qu'aux crofters des Hautes-Terres et des Hébrides.

(1) Les frais de licitation sont très élevés en Ecosse.

LIVRE II

LES RÉBELLIONS JACOBITES DE 1715 ET DE 1746.

I.— Deux mouvements insurrectionnels de la maison des Stuarts ont beaucoup contribué à l'abolition en fait du clan et à la naissance de l'état économique qui fut la cause de la condition malheureuse des crofters.

En 1715, une première rébellion fut très vite réprimée. A la nouvelle du débarquement de l'héritier jacobite, l'armée royale fut chargée, sous la conduite d'Argyle, de marcher contre lui. Le 23 janvier, elle partit dans la direction de Perth, le 30, le descendant des Stuarts se retirait à Montrose et avec le comte de Mar s'embarquait sur un vaisseau français et faisait voile vers la France. L'insurrection décrut rapidement et le 7 février les clans se débandaient.

En Ecosse, on se montra assez doux envers les insurgés. La répression fut même très faible. Mais les Anglais s'en chargèrent à leur tour. Alors, un grand nombre de Highlanders de toutes les conditions furent exécutés ou envoyés dans les plantations où ils furent traités comme des esclaves. Les domaines de quarante grandes familles furent frappés de forfaiture et firent retour à la Couronne. Un act, ordonnant le désarmement général, fut aussi voté. On le renouvela en 1725.

Mais le point intéressant de la répression fut la construction d'immenses routes stratégiques qui sillonnèrent les Highlands. Des forts furent construits. Désormais la concentration des clans devenait presque impossible.

Toutefois, on vit encore une rébellion qui fut la dernière. Cette fois, tous les clans se soulevèrent pour marcher sous la conduite du prétendant Charles-Edouard. Celui-ci réussit, en 1746, à s'emparer d'Edimbourgh. Ce fut le signal d'un mouvement qui s'étendit à toute l'Angleterre. Les catholiques anglais vinrent s'enrôler avec les Français et l'on s'avança vers le sud. Charles-Edouard arriva jusqu'à Derby : mais après une dernière victoire à Falkirk il dut reculer. La bataille de Culloden, où ses troupes furent complètement défaites, brisa sa fortune. Il s'enfuit aux îles Hébrides et de là gagna la France.

Une cruelle répression suivit cette révolte ; les jacobites furent décimés. On frappa de forfaiture de nombreux domaines qui firent retour à la couronne. Le costume national fut interdit ; les ministres de la religion, les maîtres d'école, toute personne ayant une autorité morale, furent astreints à prêter le serment de fidélité ; enfin les troupes allemandes furent multipliées et l'on développa encore le système de routes stratégiques qui désormais permit de tenir toujours en respect les hommes de clan (1).

II. — Cette époque est considérée par tous les historiens comme celle à laquelle les clans furent abolis officiellement. Certains auteurs vont jusqu'à dire que (2) la propriété collective fut abolie et qu'on délivra aux chefs de clan des titres de propriété, de sorte que, les hommes se trouvant dépouillés, il y eut désormais entre eux et leurs chefs opposition d'intérêts. D'autres, comme M. Shaw Lefèvre (3), prétendent que la loi anglaise sur la propriété fut introduite à la place des coutumes et des traditions du système tribal, et que le chef de clan fut investi des pleins droits du propriétaire sur les crofts et les montagnes.

Juridiquement, il n'y eut pas d'abolition des clans, pour une excellente raison : c'est que, en droit, ils n'existaient pas.

Assurément, le pouvoir royal à Edimbourgh eut maintes fois l'occasion de s'occuper d'eux, surtout pour les combattre, comme nous l'avons vu ; mais si les chefs de clan avaient un droit reconnu sur le sol, ce n'était

(1) Voici la liste des principaux acts du parlement qui organisent la répression : 20, George II, ch. 20 ; 20, George II, ch. 43 ; et spécialement dans cet act les sections VI et XV. — 20, George II, ch. 50 ; 20, George II, ch. 51 ; 21, George II, ch. 17 ; 21, George II, ch. 34, spécialement sect. XVII, 22, George II, ch. 48. — Voir à propos des routes de cette époque, *Survey and maps of the roads of North Britain or Scotland Tytlor and Skiner*, 1776.

(2) G. Ardant, *Réforme sociale*, 15 octobre 1885, « les Crofters ».

(3) Shaw Lefèvre, *Agrarian tenure*, p. 183.

pas en tant que chefs de clan, mais en tant qu'ayant obtenu un titre de la couronne. C'est ce même titre qui justifiait leurs droits de juridiction.

Tout ce qu'on peut dire, c'est que parfois, en tant que chefs de clan ou en tant que chieftains, les membres du clan reçurent délégation du pouvoir royal pour poursuivre d'autres clans ou les broken men (1).

Du reste, en 1852, la Cour suprême d'Ecosse fut appelée à trancher une question de succession dont la solution dépendait de la reconnaissance juridique des anciens clans ou de leur négation.

(1) Voir les acts du parlement que nous avons retrouvés à ce sujet. Il n'y a rien dans ces acts qui implique le droit de propriété ; on comprend très bien au contraire que, dans un pays où la justice ne peut s'exercer, des délégations de la puissance publique soient ainsi consenties à des chefs de bande, ou que encore on les rende responsables de certains faits, sans que cependant pour cela on leur donne une place dans les institutions juridiques du pays :

J'indique les acts par le résumé qui les analyse en anglais moderne dans la collection des acts du parlement d'Ecosse. Les chiffres romains indiquent les volumes.

Landlords on the Borders and in the Highlands and Isles whose tenants or servants are members of clans and accused of crime, to charge the chieftain or captain of the clan to apprehend and present them to the justice, they not being subject to their landlords except for payment of maills : 1587, ch. 59, § 2, III, p. 462.

Chiefs of clans to arrest broken men in the same way as landlords are ordained to do, 1589 ch. 59, § 3, III, p. 463.

When thefts are committed by captains or members of clans, and the goods are carried to another clan, the party injuried shall pursue the chief of the clan where the goods are reset: 1587, ch. 59, § 11, III, p. 464.

Proposed that chieftains of clans be obliged to bring in all broken men, and to give bonds that the country be stented to maintain persons for taking the broken men, 1639, v. p. 613.

Si l'un quelconque des acts de la période de répression que nous étudions avait aboli les clans d'une manière expresse ou tacite, la Cour se serait certainement référée à ces textes pour motiver sa décision. Nous constatons au contraire que la Cour suprême, tout en niant l'existence juridique des clans, n'invoque aucun de ces textes, mais constate bien plutôt que jamais, en droit, les clans n'ont existé (1).

(1) L'arrêt est dans une affaire John Lachland Macillivray of Dunmaglass. On pourra le trouver cité dans Skene, *Celtic Scotland*, T. 3, p. 365.

Voici les termes des motifs qui sont les plus significatifs :

In an earlier age, when feudal authority and irresponsible power were stronger than the law, and formidable to the Crown, clans and chiefs, with military character, feudal subordination, and internal arbitrary dominion, were allowed to sustain a tolerated, but not a legally recognised or sanctioned existence.

In more recent times clans are indeed mentioned, or recognised as existing, in several Acts of Parliament. But it is thought that they are not mentioned or recognised as institutions or societies having legal status, legal rights, or legal vocation, or functions, but rather as associations of a lawless, arbitrary, turbulent, and dangerons character.

But nothing now remains either of the feudal power and independent dominion which procured sufferance in one age, or of the lawless and dangerous turbulence which required suppression in another. When all military character, all feudal subordination, all heritable jurisdiction, all independent authority of chiefs, are extracted from what used to be called a clan, nothings remains of its essential and peculiar features, Clans are no longer what they were. The purposes for which they once existed as tolerated but not as sanctioned societies, are not now lawful. To all practical purposes they cannot legally act, and they do not legally exist. The law knows them not. For peaceful pageantry, social enjoyment, and family traditions, mention may still be made of clans and chiefs of clans ; but the Highlands of Scotland, no longer oppressed by arbitrary sway, or distracted by feudal contentions, are now inhabited by loyal, orderly, and peaceful subjects of the Crown of Great Britain ; and clans are not now corporations which law sustains, nor societies which law recognises or acknowledges.

Comment se fait-il alors que l'erreur que nous combattons se soit accréditée.

Nous croyons pouvoir l'expliquer par deux séries de raisons.

1° Il n'est pas douteux qu'en fait la situation économique ait brusquement changé. Assurément, comme nous l'avons montré, il y avait déjà avant la grande rébellion de 1746 et la répression de 1746-1747, un commencement d'organisation de l'agriculture, des relations de dépendance autres que les relations purement militaires, toutes choses qui expliquent que si violemment que la transition se soit accomplie, elle ait néanmoins pu s'opérer. Mais ces faits ont été bien vite oubliés et l'on n'a plus retenu qu'une chose, le grand bouleversement dans la vie des anciens clansmen qui suivit la répression. Il est probable que si les landlords n'avaient pas rackrenté les tenanciers d'abord et ensuite ne les avaient pas chassés pour établir des fermes à moutons, on n'aurait pas donné aux acts répressifs la portée qu'on leur a attribuée.

2° Deux acts particulièrement ont pu prêter à confusion : l'act 20, George II, chapitre 50 et l'act 20, George II, chapitre 43.

Avant la rébellion de 1746, existait une tenure connue sous le nom de wardholding (1), et ainsi appelée de ce que le suzerain avait le droit de garde sur son vassal et

(1) Allan Menzies, *Conveyancing*, p. 521.

l'administration de ses biens pendant la minorité de celui-ci. Cette tenure entraînait le service de guerre envers le suzerain. On la considéra comme ayant été un des principaux instruments de la rébellion et elle fut par l'act 20, George II, 60, transformée en tenure en blanch ou en feu-holding, c'est-à-dire en tenure ne mettant plus à la charge du vassal qu'un service de prestation d'argent ou d'objets mobiliers.

La Cour de session (1) par Act de Sederunt détermina les bases sur lesquelles la conversion devait s'opérer.

Mais cette loi ne pouvait avoir aucune influence sur la condition des hommes de clan ; puisque, comme nous l'avons vu, le principe était « pas de droit sans titre, et sans titre transcrit ou enregistré ».

Néanmoins l'abolition du service de guerre a pu faire croire qu'il s'agissait de l'abolition du service de guerre dans les clans ; tandis que celui-ci se trouvait aboli en fait par l'interdiction de porter des armes imposée aux hommes de clan.

L'act 20, George II, 50, a surtout frappé les seigneurs des Basses-Terres.

L'act 20, George II, chapitre 43, est celui qu'on a surtout en vue dans les textes (2). Il abolit le droit de

(1) La Cour de session est la Cour suprême de justice ; — l'act de Sederunt correspond à nos anciens arrêts de règlement. — V. la section V de l'act 20, George II, 50.

(2) V. sur la teneur de cet act Tytler, *History of Scotland*, vol. 4, p. 170 ; Keltie, *General history of the Highlands*, vol. 1er, p. 768. La liste des indemnités versées aux chefs de clans et aux landlords dé-

justice héréditaire dont nous avons parlé plus haut, mais d'une façon générale ; toutefois il faut observer que ce furent les chefs de clans qui furent principalement atteints.

Or, le droit de justice dont nous parlons avait toujours été respecté, quoiqu'il fût tombé en désuétude dans les Basses-Terres (sect. 17, act 20, George II, 43). Le Parlement avait eu notamment soin de le réserver, avec les privilèges des bourgs royaux, quand on vota l'annexion en 1707 (art. XX et XXI, *Acts of Parliament of Scotland*, vol. XI, appendice, p. 204). Il fallait donc accorder une indemnité aux seigneurs dépouillés. Ainsi, au lendemain de la rébellion, les chefs de clan reçurent des sommes d'argent parfois très grandes du gouvernement royal. On voit d'ordinaire dans ce fait un moyen de les acheter purement et simplement. Il est possible que ce but n'ait pas été indifférent aux hommes politiques de l'époque ; néanmoins la prestation peut s'expliquer. Elle le peut d'autant mieux que beaucoup des rebelles et les plus puissants n'avaient point de juridiction héréditaire et que ceux d'entre eux dont les domaines ne furent pas frappés de forfaiture ne reçurent aucune indemnité (1).

On réserva seulement les petites juridictions pour les causes de peu d'importance et notamment les causes au-dessous de quarante shillings.

pouillés de leurs droits de justice est beaucoup plus complète dans Keltie que Tytler.

(1) V. Argyll, *loc. cit.*, vol. 2, p. 50.

Ainsi le clan ne fut point juridiquement aboli, les chefs ne reçurent pas la propriété, pour cette raison qu'ils l'avaient déjà, les hommes de clan n'en furent point dépouillés parce qu'ils ne l'avaient pas.

III. — Toutefois il y eut un grand bouleversement dans la condition de ces derniers, comme nous l'avons dit, parce que les chefs, n'ayant plus besoin d'eux pour lutter contre leurs voisins, n'hésitèrent plus à les expulser pour mettre des moutons sur le sol qu'ils occupaient.

Les conséquences de la pacification sont du reste multiples.

On peut les examiner au point de vue des landlords et au point de vue des anciens hommes de clan.

En ce qui concerne les landlords, on remarque que, presque de suite après la rébellion, ils oublièrent les services passés et ne cherchèrent plus qu'à tirer parti de leurs domaines.

Ce serait une erreur de croire qu'ils n'eurent qu'un seul but, celui de faire de l'élevage ou plutôt de louer leurs terres à bail en vue de faire de l'élevage du mouton. Ils cherchèrent aussi à développer l'agriculture ; mais là seulement où le tenancier avait des capitaux.

Ainsi, on trouve des baux très nombreux de 1770 à 1806.

A ce moment, deux influences contribuent à attirer

(1) Argyll, *loc. cit.*, p. VIII.

l'attention sur l'agriculture : les sociétés d'agriculture et le soin tout particulier que prirent des domaines qu'ils administraient les commissaires chargés du séquestre des biens frappés de forfaiture après Culloden.

La commission, dont faisait notamment partie lord Kames, commença par dresser un état très complet de ces domaines, où elle étudiait la nature du sol des différentes exploitations, les modes de culture en usage, les différentes espèces d'engrais employées, les prix de la main-d'œuvre, les moyens propres à améliorer les terres. Le rapport parut en 1774. Il était l'œuvre de M. Andrew Wight d'Ormiston. La commission le prit comme base de ses travaux qui servirent de modèle aux propriétaires. De 1778 à 1784, elle publia de nombreuses études qui contribuèrent beaucoup à l'éducation agricole du pays. Mais, en 1784, les domaines frappés de forfaiture furent restitués et la commission résilia ses fonctions.

Les sociétés d'agriculture, au contraire, ont poursuivi leur œuvre, durant tout ce siècle, et ont largement contribué au développement de l'agriculture en Ecosse. Elles ont complètement transformé la condition du paysan. La plus célèbre est la *Highland and Agricultural Society of Scotland.* Elle a été fondée en 1785 et établie par charte royale en 1787. Aujourd'hui on compte des sociétés d'agriculture dans tous les comtés et dans beaucoup de districts (1).

(1) V. Mackintosh, *History of civilisation in Scotland*, t. 4, p. 357 et suiv.

Malheureusement, si les landlords comprenaient leurs devoirs de grands propriétaires, — qui est de donner l'exemple du progrès dans l'agriculture et de faire les frais des premières expériences, — quand il s'agissait de tenanciers en état de supporter une part des frais d'amélioration, ils l'oublièrent complètement à l'égard de la grande masse de leurs hommes de clan.

A part quelques exceptions (1), les landlords ne firent absolument rien pour les petits crofters, si ce n'est augmenter leur rente (2) et, le jour où l'élevage du mouton devint une industrie fructueuse, les chasser ou les transporter ailleurs pour mettre précisément des moutons à leur place.

Les défenseurs des landlords ont prétendu que ce parti était le seul qu'on pouvait tirer de la situation. Nous verrons plus loin un rapport d'une commission récente qui déterminera exactement ce qu'il y a de fondé dans cette affirmation. Mais déjà au XVIIIe siècle des esprits impartiaux et indépendants, comme Sir John Sinclair, que nous citons souvent à cause de l'influence considérable qu'il a eue sur son temps et aussi parce qu'il avait visité le pays avec soin plusieurs fois, et pu se rendre compte par lui-même de la situation, — des esprits impartiaux et indépendants, disons-nous, estimaient qu'on aurait pu organiser la culture et l'élevage,

(1) Voir à cet égard des exemples très intéressants dans le rapport de Sir John Sinclair, en 1795, pp. 108 et 132.

(2) Marshall, *loc. cit.*, p. 26.

en les adoptant aux besoins et aux moyens des crofters. Sir John Sinclair propose de prendre comme base de l'exploitation le township dont la terre arable ne devait plus être divisée. L'accroissement considérable de la population commandait de prendre des mesures énergiques contre le morcellement indéfini. Si on avait suivi alors le conseil de Sir John Sinclair, on n'aurait pas eu, durant tout ce siècle, à lutter contre la surpopulation dans les districts congestionnés. Sir John Sinclair proposait encore, en ce qui concerne la commune pâture, de réglementer son exercice et de déterminer le nombre des moutons de chacun (1).

Si la pacification violente de 1747 produisit sur les esprits des landlords l'influence que nous venons de rappeler, elle eut, sur la condition des anciens hommes de clan, des effets que nous pouvons déjà prévoir.

D'abord, on prit des mesures contre le retour des soulèvements. Nous avons déjà vu celles qui rentrent dans l'idée de répression proprement dite. Mais il en est une qui se rapporte plus spécialement à la condition générale des anciens clansmen.

Après la rébellion de 1715, on crut trouver un dérivatif à l'humeur belliqueuse des clans en enrôlant les Highlanders dans les armées britanniques. Le 25 octobre 1739, on forma le célèbre 42°. La première bataille

(1) Sir John Sinclair, *loc. cit.*, 1795, p. 111. On verra plus loin que ce projet a été repris par la commission de 1884.

à laquelle prirent part les Highlanders fut la bataille de Fontenoy (1).

L'act de 1747, qui interdisait le costume national aux anciens hommes de clan demeurés au pays, réserva au contraire ce droit à ceux-là seuls qui prenaient du service dans l'armée.

On fit mieux, on garda les cadres des anciens clans et, sur le modèle de ces clans, on créa des régiments. Les enrôlements furent très nombreux. Les clansmen, surtout ceux des Hautes-Terres, — il y en eut assez peu à venir des îles, — se retrouvaient sous la conduite de leurs tacksmen et, pendant longtemps, ils purent se faire l'illusion de revivre l'existence belliqueuse d'autrefois. Pitt donna à l'idée tout son développement. Il leva de nombreux régiments qu'il envoya combattre sur le continent. A la Corogne, à Badajos, à Salamanque, à Vittoria, à Toulouse, à Waterloo, les highlanders se couvrirent de gloire, mais furent aussi décimés.

Quant à ceux qui restèrent au pays, le contre-coup de la pacification produisit sur leur condition juridique un résultat analogue à celui que nous avons observé à propos des landlords. De même que ceux-ci, par l'effet de leurs titres d'autrefois, se trouvaient assimilés aux propriétaires des Basses-Terres ou de l'Angleterre ; de même les hommes de clan, qui, dans le passé, n'avaient jamais songé à se faire délivrer des titres, furent traités

(1) Colonel Stewart, *Sketches*, vol. 2.

comme les tenanciers sans titre ou sans baux des Basses-Terres, c'est-à-dire comme de simples tenanciers at will.

C'est l'expression par laquelle on les qualifie dans tous les rapports officiels du temps. Ces rapports, qui étaient le plus souvent l'œuvre de jurisconsultes, ne pouvaient tenir compte des sentiments ou des croyances ; ils ne pouvaient faire autre chose que de déterminer par voie d'analogie dans quel cadre juridiquement reçu rentraient les rapports entre clansmen et landlords.

Mais les hommes de clans ne comprirent rien à cette interprétation des faits. Ils constatèrent que jadis ils gardaient la terre de leurs ancêtres pendant des générations, tandis qu'à ce moment on les dépouillait, et ils accusèrent les acts de 1746 et de 1747 d'avoir créé le nouvel état de choses.

Leur croyance à un droit sur le sol est constatée par tous ceux qui visitèrent les Hautes-Terres et les îles à cette époque. Lord Selkirk écrit en 1805 : « Ils n'invoquent pas seulement l'attitude tout à fait différente de leurs chefs antérieurs, ils rappellent également les services que leurs ancêtres rendaient à ceux-ci, en ajoutant que, sans ces services, la propriété n'aurait pas pu être conservée. Ils savent bien de quelle inutilité un morceau de parchemin et un sceau de cire pouvaient être à l'époque du vieux système des Highlands. Ils reprochent à leur landlord son ingratitude et ils rappellent que, sans leurs pères, il n'aurait pas eu de domaines. Ils considèrent la possession permanente, qu'ils ont toujours conservée, des biens paternels comme une juste compensation pour la part prise par leurs ancêtres dans la défense générale, et ne peuvent voir aucune différence entre les titres de leurs chefs et les leurs » (1).

Cette contradiction entre les sentiments et la condition juridique subsistera durant tout ce siècle et sera l'une des principales causes du crofters' act de 1886 (2).

(1) Comte de Selkirk, *Observations on the state of the Highlands of Scotland*, 1805, p. 120.— Captain Burt, *Letters from the North of Scotland*, 1730, vol. 2, p. 176-177.— Thomas Newte, *A tour in England and Scotland*, 1791, p. 125. — Napier Campbell, *Earlier visits to Scotland*, 1847, p. 51.

(2) *Report of her Majesty's commissioners of inquiry into the condition of the crofters and cottars*, p. 8 du rapport, pp. 149, 301, 303, 582, 643, etc. des appendices, livre 1er.

LIVRE III

LE PROBLÈME CROFTER APRÈS LA RÉVOLUTION DE 1746.

La question du crofter à partir des événements que nous venons de rappeler se présente surtout comme un problème de population. Il semble que toutes les circonstances se soient groupées pour rendre toujours critique le rapport entre les populations et les moyens d'existence.

Nous distinguerons trois périodes. Une première qui s'étendra depuis 1747 jusque vers 1846-47, époque de la grande famine ; une deuxième qui embrassera les années comprises entre 1846 et 1880 environ ; une troisième qui comprendra la courte période précédant la loi nouvelle.

PREMIÈRE PÉRIODE

On ne possède pas de chiffres officiels établissant la population des Hautes-Terres et des Iles au XVIIIe siècle. Gartmore (1) a calculé en 1747 que la population des Hautes-Terres, des Hébrides et des îles Orcades et Shetland s'élevait (1) à 230.000 âmes ; d'après Webster, elle aurait été de 290.000 en 1755 (2) et en 1795 elle se serait élevée suivant Walker à 325,566 (3). Gartmore constate déjà que dans les Hautes-Terres le pays est insuffisant pour nourrir les habitants.

Les chiffres que nous venons de donner peuvent être contrôlés par ceux contenus dans la grande enquête statistique de l'Ecosse faite à titre privé par les pasteurs des paroisses, sous la direction de Sir John Sinclair au commencement du XIXe siècle (4). Ils peuvent être tenus pour relativement exacts.

Cette progression existait malgré qu'à cette époque un grand mouvement d'émigration se fût déjà produit.

(1) Le manuscrit de Gartmore a été publié en appendice à la 5e édition des lettres de Burt que nous avons déjà citées.

(2) Tytler a repris les chiffres de Webster, vol. 2, p. 40.

(3) Dr Walker, *Economical history of the Hebrides*, vol. 1er, pp. 24-28.

(4) Cette enquête, souvent citée est indiquée dans tous les ouvrages écossais sous le nom d' « Old statistical account », il convient de la chercher au nom Sinclair (Sir John) dans les catalogues. Pour plus de développement, voir la bibliographie.

Pour ne prendre qu'un exemple du développement d'une paroisse, à Kilmnir, en 1747, la population s'élevait à 1.230 âmes, en 1791, à 2.060 et si l'on suit le développement en 1831, 3.415, en 1836, 4.000. Le duc d'Argyll raconte que sur ses domaines il y avait 1676 personnes en 1769, en 1806 elles étaient de 2776.

§ 1. — Les causes de cette augmentation de population peuvent être ramenées à deux groupes : causes naturelles et causes artificielles.

I. — Les causes naturelles sont la diminution de la mortalité adulte par suite de la cessation des luttes entre clans, et celle de la mortalité infantile par l'introduction de la vaccine ; enfin la diminution générale de la mortalité par la disparition des famines, due à l'introduction de la pomme de terre.

Nous n'avons pas à insister sur la première cause. En ce qui concerne la seconde il convient de remarquer que la petite vérole décimait jadis l'Ecosse et plus particulièrement les îles Hébrides. A Skye, beaucoup d'enfants mouraient de cette maladie. On ne possède pas de chiffres de mortalité ; mais l'empressement avec lequel les habitants, si hostiles d'ordinaire à toute innovation, accueillirent la vaccine prouve combien ils étaient victimes du fléau (1).

La pomme de terre semble avoir été importée d'Ir-

(1) Argyll, *loc. cit.*, vol. 2, p. 93, 94, 95, et les auteurs qu'il cite.

lande où elle avait été introduite par Sir Walter Raleigh. Longtemps elle fut dédaignée comme comestible. Suivant l' « Old statistical account of Scotland » il y en avait quelques champs à Sterling en 1739. Le Dr Walker donne comme date des premières cultures 1743. Cette année-là, on en sema quelques champs, non sans peine, dans l'île de South Hist (1).

En 1760 (2), la culture était devenue générale ; en 1770 la pomme de terre formait la base de l'alimentation dans tout le pays. Elle y avait pris une si grande place que, quand cette même année, et plus tard en 1783, il y eut une mauvaise récolte par suite de grands froids, les habitants auraient péri de faim, sans les nombreux secours qui furent distribués.

II. — Si le problème de la population, malgré les émigrations nombreuses que nous verrons plus loin, se posa d'une façon aussi inquiétante par le seul jeu des lois naturelles ; il fut encore aggravé artificiellement par l'expulsion des populations de l'intérieur et leur concentration sur les côtes.

Les expulsions sur les domaines de la duchesse de Sutherland sont restées tristement célèbres.

La duchesse de Sutherland reçut en succession les domaines de son père Guillaume, comte de Sutherland, avec le titre de comtesse, en 1766. Elle était alors âgée d'un an. En 1785, elle épousa le marquis de Stafford

(1) Dr Walker, *Hebrides and Highlands*, vol. 1er, p. 251.
(2) Pennant, *Tour in Hebrides*, vol. 2, p. 306. — Keltie, *loc. cit.*

et ajouta son titre à celui qu'elle possédait déjà. En 1833 le marquis fut créé duc et la marquise prit alors le titre de duchesse comtesse de Sutherland.

Au commencement de ce siècle l'élevage du mouton devint une industrie très productive. Les agents des landlords qui avaient pris la place des tacksmen leur persuadèrent de faire de l'élevage plutôt que de laisser leurs terres à des tenanciers qui payaient fort mal la rente. Les propriétaires eurent la faiblesse de céder.

L'expulsion (1) générale dans le Sutherlandshire commença en 1807. Avant cette date, quelques renvois avaient eu lieu sur les domaines de Lord Reay, mais ils s'étaient faits dans des conditions relativement avantageuses. Ceux qui avaient été congédiés avaient reçu de nouvelles terres, ceux qui avaient préféré émigrer s'étaient facilement procuré les fonds du voyage, par la vente du bétail qui se fit à des prix élevés.

La « clearance » du Sutherland commença par les paroisses de Farr et Larg. Quatre-vingt-dix familles furent expulsées ou plutôt transportées sur d'autres points des domaines.

(1) Tous les détails qui suivent sont empruntés à des lettres qui parurent à Edimbourg dans le Weekly Chronicle sous la plume d'un témoin de ces atrocités, Donald Macleod. Il intitule son récit *Gloomy memories.*

Ces lettres furent éditées ensuite au Canada. L'édition est depuis longtemps introuvable. Pendant la campagne politique qui précéda le crofters' act M. Mackenzie réunit tous les documents qu'il put trouver sur les expulsions des Hautes-Terres, dans un livre ayant pour titre *History of the Highland Clearances.* Inverness, 1883, et publia à nouveau les *Gloomy memories* ; c'est cette édition que nous citons.

En 1809 (1), plusieurs centaines de familles subirent le même sort.

Depuis cette année jusqu'en 1812, les expulsions se poursuivirent. Cependant, les propriétés ducales du Sutherland s'augmentèrent des domaines de Gordonbush et de Uppet ; les années suivantes elles continuèrent à s'arrondir, si bien qu'en 1829 (2) elles comprenaient tout le comté à de très petites exceptions près.

En 1811, on dépeupla de nouvelles paroisses. Les terres étaient divisées en de grands lots qu'on offrait à bail pour l'élevage du mouton. Tous les jours le pays était parcouru par des spéculateurs qui visitaient les terres à louer. Ils ne s'aventuraient pas sans méfiance au milieu des populations dont ils devaient causer la ruine ; et les facteurs qui partageaient leurs inquiétudes recoururent souvent à l'intimidation pour tenir les habitants en respect. Ils machinèrent même une prétendue rébellion qui leur fournit l'occasion de requérir les troupes du Fort Georges et de faire une grande démonstration militaire.

Le clergé du reste vint à la rescousse. Il enseignait que l'état de choses nouveau était voulu par la Providence et menaçait de la damnation éternelle ceux qui feraient la moindre résistance. Les Highlanders n'avaient plus qu'à s'incliner. Le résultat fut que de grands districts se trouvèrent évacués au mois de mai 1812.

(1) Mackenzie, *loc. cit.*, p. 10.
(2) *Id.*, p. 8.

Au mois de (1) mars 1814, un grand nombre d'habitants de Farr et de Kildonan reçurent sommation d'avoir à quitter leurs fermes au terme de mai. Pour hâter leur départ et celui du bétail, le facteur, un nommé Sellar qui avait pris les terres pour lui-même mit le feu aux bruyères de pâture. Cette année-là, les fourrages étaient très rares. Sans bruyère, le bétail qui serait resté serait mort de faim. Mais le feu ne détruisit pas seulement les pâturages ; il brûla aussi les barrières qui protégeaient les terres arables, les bestiaux affolés se répandirent dans les champs et dévastèrent les récoltes.

Ce ne fut pas tout. Dans les expulsions qui s'étaient faites jusque-là, on avait permis aux tenanciers d'emporter avec eux les charpentes de leur maison pour les reconstruire sur les nouvelles terres qui leur étaient distribuées. Ces maisons étaient leur propriété sans conteste ; il les avaient construites eux-mêmes, de leurs propres mains.

Dès le jour du terme, le facteur ordonna à ses gens de mettre le feu aux maisons. Les hommes étaient au loin à garder le bétail, les vieillards, les femmes, les enfants, rudoyés, repoussés par les valets incendiaires, sauvèrent à grand'peine quelques vêtements.

On vit (2) des scènes de cruauté révoltante. Une femme enceinte, en essayant de démonter la charpente de

(1) Mackenzie, *loc. cit.*, p. 13, lettre 4.
(2) Mackenzie, p. 16.

sa cabane, en l'absence de son mari, tombe à travers le toit dans la maison. La chute provoque un accouchement prématuré. Les domestiques de Sellar entrent, l'empoignent et la jettent sur la lande au milieu de la foule. Un homme est mourant de la fièvre, on le jette dehors. On vient dire à Sellar qu'une femme presque centenaire se trouve couchée dans une maison et que les siens sont absents ; qu'il y a danger pour la vie de cette femme à l'exposer dehors au vent et au froid : « Que le diable l'emporte, la vieille sorcière, répond-il, elle a vécu trop longtemps, qu'elle brûle ». Le feu est immédiatement mis à la cabane. La fille de la centenaire arrive alors, et réussit, aidée des voisins, à sortir sa mère de la maison, le lit de la vieille femme flambait déjà. Cinq jours après, elle était morte.

Beaucoup de gens devinrent fous ou moururent de terreur, de misère et de froid.

Sous la pression (1) de l'opinion publique, Sellar fut traduit devant les assises à Inverness. On fit un choix parmi les témoins à charge, le jury fut pris, à quelques exceptions près, parmi les nouveaux tenanciers du sutherlandshire et Sellar bénéficia d'un acquittement (2). Deux shériffs qui avaient montré trop d'indépendance dans leur enquête perdirent leurs fonctions aussitôt après le procès.

(1) Mackenzie, *loc. cit.*, p. 17.
(2) Mackenzie, *loc. cit.*, p. 21.

L'acquittement de Sellar (1), la révocation des shériffs produisirent l'effet attendu. Les brûleries recommencèrent; mais on fit plus grand. Les gens des facteurs arrivaient avec des fagots et des matières combustibles, chassaient les paysans de leur demeure, leur laissant à peine le temps de prendre quelques hardes et mettaient le feu (2). Un soir, une torche immense éclaira la lande où couraient des gens affolés, deux cent cinquante maisons flambaient à la fois. On brûla pendant six jours à Farr, à Rogart, à Golspie, à Kildonan. On raconte que la fumée rabattue par le vent sur la mer fut si forte qu'elle fit perdre un jour sa route à un navire, mais, en revanche, la nuit, il put facilement atterrir, guidé par les flammes.

La dépopulation du comté était complète sauf quelques exceptions en 1827 (3).

Il ne faudrait pas induire des scènes d'horreur que nous venons de rapporter que les propriétaires étaient d'une cruelle indifférence à l'égard de leurs tenanciers. Leur faute a été d'avoir écouté les intendants ou comme on dit en Ecosse les facteurs.

Presque tous avaient quitté leurs terres et menaient à Londres une vie élégante. Jamais ils ne communi-

(1) Mackenzie, *loc. cit.*, p. 27.
(2) Mackenzie, *loc. cit.*, p. 28.
(3) Mackenzie, *loc. cit.*, p. 49.
V. pour plus de détails *The Glengarry evictions*, par Donald Ross ; Roberstson of Dundonnachie, *Extermination of the Scottish Peasantry* ; Rev. E. J. Findlater, *Highland clearances*.

quaient directement avec les tenanciers. C'est ainsi que la duchesse de Sutherland ne venait qu'à de très rares intervalles habiter sa résidence seigneuriale de Duwrobin castle et ne recevait de pétitions que celles signées par le facteur.

Toutefois elle ne se désintéressait pas du sort des crofters. Elle donna des ordres pour que l'on sût exactement la façon dont les tenanciers étaient traités (1).

Les autres propriétaires tinrent la même conduite. Ils adressèrent une circulaire aux pasteurs pour leur demander si on avait pris soin des tenanciers dépossédés et s'ils avaient reçu de justes compensations. Les pasteurs auraient répondu que les paysans se trouvaient très bien de leurs nouvelles terres et qu'ils avaient même gagné au change (2).

Presque tous les tenanciers que l'on chassait furent établis sur quelques points de la côte. Les Highlanders ont eu pendant des siècles un véritable dégoût de la mer (3). Aussi ce fut pour eux une existence pénible que celle qu'ils furent contraints de mener, aggravée encore par l'inclémence du climat. Dans ces régions le vent souffle avec violence, les vagues atteignent une hauteur effrayante ; les malheureux transportés durent risquer leur vie à la pêche sous peine de mourir de faim. Ni ports, ni cales, ni phares. En un an sur une

(1) V. une lettre du shériff Mackid à lord Stafford, 30 mai 1815 dans Mackenzie, *loc. cit.*, p. 19.

(2) Mackenzie, *loc. cit.*, p. 31.

(3) Burton (John Hill), *The history of Scotland*, 6e vol., p. 295.

côte de trente milles de Portskerra à Rabbit Island une centaine de barques furent détruites. Beaucoup d'hommes périrent.

Les tenanciers qu'on n'envoya pas sur la côte furent établis sur la lande. Ils n'avaient même pas les ressources que les autres tiraient de la pêche ou de la chasse des oiseaux de mer. Un sable tantôt blanc, tantôt rougeâtre couvert d'une mince couche de mousse formait tout le terrain de pâturage ou de culture. A force d'un travail opiniâtre ils arrivèrent parfois à tirer parti de ces landes.

Cette concentration sur des espaces restreints eut pour résultat de morceller encore davantage le sol entre crofters. La multiplication rapide des familles accroissait encore la division. Beaucoup de crofters se trouvèrent ainsi avec le temps réduits à la condition de cottars.

§ 2

Du reste pendant une assez longue période d'années les crofters furent indifférents à la culture et à l'élevage. Ils trouvèrent dans l'industrie de la soude une rémunération suffisante pour leur permettre de vivre. En brûlant le goëmon, on obtient de la soude et de l'iode. Les rivages des Hébrides et de l'Ecosse occidentale se prêtent merveilleusement à cette industrie. La côte est très découpée et offre ainsi une abondante récolte de goëmon (1). Le comté d'Argyll par exemple donne à lui seul, y compris les îles, un développement de littoral de 2289 milles. En 1746 on commença de brûler le goëmon dans les Hébrides, en 1768, l'industrie était établie presque partout dans les îles et sur le continent. De l'ouverture de la première manufacture jusque vers 1790 le prix de la soude oscilla entre £ 2 et £ 6 la tonne ; mais quand la guerre avec la France empêcha l'importation de la soude barilla, le prix s'éleva à £ 15, il monta même jusqu'à £ 20 la tonne. On produisait alors de cinq à six mille tonnes par an. Jusqu'en 1822 les droits à l'entrée sur le sel et la soude formèrent une véritable protection en faveur de l'industrie écossaise, mais cette année-là les droits sur le sel furent abaissés de 15 shellings à 2 shellings le boisseau. En 1826 ceux sur la soude furent également abaissés. Enfin on abolit complètement les taxes sur le sel et sur l'alcali (2). Les lords firent des pertes considérables, l'industrie de la soude fut perdue et les crofters redevinrent plus misérables que jamais.

Dans la période que nous examinons l'émigration fut le grand moyen employé pour remédier à la surpopulation.

(1) V. Groome, *Gazetteer of Scotland*, v° *Hébrides*, p. 259 et 260. *Duke of Argyle* « Crofts and Farms in the Hebrides ». Edimbourgh, 1883, p. 11 et 44.

(2) On exempta aussi de tous droits de douane les cendres qui venaient du Canada ; ce fut le coup de grâce porté à l'industrie des Hébrides et des comtés des côtes occidentales.

Dès le début du XVIIIe siècle, on trouve un mouvement d'émigration vers l'Amérique. En 1738, un capitaine Mackintosh partit du comté d'Inverness, avec un grand nombre de ses compatriotes. C'est surtout depuis 1760 que l'émigration devint générale. De 1771 à 1790, 2400 personnes quittèrent l'île de Skye et partirent pour l'Amérique. Les émigrants s'établirent dans la Caroline du Nord et dans celle du Sud jusqu'à la révolution américaine. Ensuite, ils préférèrent le Canada. On trouve beaucoup de leurs descendants au cap Breton, dans l'île du Prince Edouard, en Nouvelle-Ecosse, au Nouveau-Brunswick. Les départs furent très nombreux en 1801, en 1802, en 1803. Beaucoup d'anciens tacksmen partirent alors ; et la chose se comprend aisément si l'on considère qu'ils étaient parmi ceux qui possédaient les fonds de premier établissement (1).

On a accusé, il y a surtout quinze ans, les landlords d'avoir accompli des émigrations forcées. Si le fait est incontestable pour la deuxième période que nous aurons à examiner, il est beaucoup plus douteux pour celle que nous exposons maintenant. Lord Selkirk qui était un grand promoteur de l'émigration leur reproche, au contraire, amèrement de s'y opposer. En outre ils firent certainement campagne contre l'émigration en 1803, lors de l'act qui réglemente et restreint les

(1) Sir John Mc Neill, *Report on the Highlands*, 1851, p. X.

émigrations des Hautes-Terres. On trouve dans les publications de la Société des Hautes-Terres (1) de cette époque des documents qui ne laissent aucun doute sur leurs sentiments ; peut-être aussi ne firent-ils que suivre l'opinion publique très excitée contre les émigrations.

Si, pour se renseigner sur les sentiments des émigrés eux-mêmes, on interroge leurs descendants, les mêmes contradictions qu'en Angleterre reparaissent. Le duc d'Argyll (2) raconte que quand il visita le Canada et les États-Unis il reçut partout un accueil enthousiaste des petits-fils des émigrés, qui se félicitaient que leurs grands-pères eussent quitté l'Europe mais qui avaient gardé soigneusement les traditions du passé. Le grand économiste anglais, Thorold Rogers, dit au contraire que c'est un lien commun au Nouveau-Monde que les anciennes populations celtiques n'aiment pas l'Angleterre. Il a visité des villages au Dominion où les habitants portaient des noms des Hautes-Terres écossaises ; mais parlaient français et même s'étaient convertis au catholicisme romain.

Quoi qu'il en soit, malgré le grand nombre de départs, la population augmentait toujours. Une nouvelle rupture d'équilibre se produisit.

(1) *Transactions of the Highland Society*, vol. II, p. VII.

(2) Argyll, *Scotland as it was and as it is*, vol. 2, p. 62.

Thorold Rogers, *The industrial and commercial history of England*, Londres, 1892, p. 279.

DEUXIÈME PÉRIODE

Les causes qui la déterminèrent et les remèdes qu'on essaya d'y apporter occupent la deuxième période que nous avons déterminée dans l'évolution du crofter au XIXe siècle.

§ 1

A côté de l'industrie de la soude, que nous venons de voir périr ; l'élevage du bétail, la distillation illicite formaient encore une source de revenus pour les crofters. La distillation illicite fut enrayée et supprimée dans la première moitié de ce siècle ; puis le bétail, le petit « Highland Catlle » subit une dépréciation considérable. Les éleveurs du Sud améliorèrent leurs produits ; la concurrence étrangère se fit sentir à son tour en même temps que le développement de la concurrence intérieure par suite de ce fait que l'abolition des corn laws portait les propriétaires à développer leurs herbages et leurs terres de pâture à la place de leurs terres à blés (1). Il ne resta bientôt plus guère aux crofters que la culture de la pomme de terre.

(1) W. P. Alison to Sir John Mc Neill on *Highland destitution and the adequacy on inadequacy of emigration as a remedy*. Edimbourg, 1851, p. 6.

Jusque vers 1840, la pomme de terre forme les quatre cinquièmes de leur nourriture (1). A cette époque un fléau, qui s'abattit sur toute l'Europe, fit son apparition dans les Hautes-Terres. Les pommes de terre étaient atteintes d'une maladie qui les rendait impropres à l'alimentation. Le mal se généralisa en 1845 et en 1846 ; à l'hiver de 1846-47, les crofters allaient être exposés à mourir de faim.

On organisa promptement des secours. Des bureaux de distribution de vivres, rattachés à Edimbourgh et à Glasgow, furent établis dans les comtés. Soixante-sept recevaient des vivres d'Edimbourgh, trente-neuf de Glasgow.

Le comité de Glasgow, dans son premier rapport, établit que la population des districts qu'il avait secourus s'élevait à 114,200 personnes, et que 84,300 c'est-à-dire 73 pour cent avaient été secourues. La population totale des Hébrides montait à 115,000 individus ; 86,000, soit 74 pour cent, se trouvèrent sans la moindre ressource et il fallut les entretenir complètement (2).

Les crofters avaient déjà cherché à résoudre par eux-mêmes le problème de leur nourriture et beaucoup

(1) Keltie, *loc. cit.*, vol. 2, p. 53, dit les quatre cinquièmes en empruntant les chiffres de l'enquête de Fulllaton et Baird. — W. P Alison, *Observations on the famine of* 1846-1847, p. 18, in *the Highlands of Scotland and Islands*, citant le rapport du *Central Board of Management of the committees at Edinburg and Glasgow* institué pour le soulagement des districts atteints par la famine, dit les trois quarts.

(2) W. P. Alison, *Observations on the famine of* 1846-47, etc., p. 20.

avaient pris l'habitude d'aller travailler quelques mois de l'année dans les Basses-Terres.

Lorsque Sir John Mac Neill visita les Hautes-Terres et les îles en 1851, il remarqua ce changement dans la condition des crofters. Le crofter n'est plus seulement un petit fermier, il est encore devenu un salarié. « Les crofters, dit-il, vivent de leur travail, ils ont des lopins de terre pour lesquels ils paient une rente, mais cette rente n'est point tirée du sol, elle est empruntée à leurs salaires » (1). On peut, d'après le rapport de Sir John Mac Neill, se représenter la transformation des conditions de crofters, cottars, tacksmen au milieu de ce siècle. Le crofter qui forme la classe de beaucoup la plus nombreuse des tenanciers tient directement son holding du propriétaire. La rente qu'il paie annuellement ne dépasse pas 20 livres sterling. Le cottar a conservé la situation misérable du commencement du siècle, il est toléré sur le terrain qu'il occupe ou bien paie une modeste rente comme sous-tenancier. Quand il n'est pas commerçant, ce qui du reste est très rare, il est manouvrier ou pêcheur. D'ordinaire, il n'a point de terre de pâture et par là il diffère grandement du crofter (2).

Le crofter habite une modeste hutte de pierre ou de terre couverte de chaume. Il construit lui-même sa demeure et n'achète guère que la porte. Pour tout mobi-

(1) Sir John Mac Neill, *Report to the Board of Supervision on the Western Highlands and Islands*, 1851, p. X.

(2) Sir John Mac Neill, *loc. cit.*, p. VIII.

lier un mauvais lit, une table, quelques chaises, un coffre et des ustensiles de cuisine ; à un bout de la maison, l'étable, à l'autre la grange. Un feu de tourbe réchauffe et enfume la maison.

Le crofter a des bœufs, des moutons, quelquefois un ou deux chevaux. Souvent il possède une barque ou une part dans une barque.

La rente de sa tenure est fixée par un évaluateur professionnel. C'est le birleyman du XVIIIe siècle. L'évaluateur estime, en général, un township en bloc ; la répartition est ensuite faite d'accord entre le propriétaire ou son facteur et le crofter. Dans quelques cas, la rente est établie avant même que l'occupant soit connu.

Une fois déterminée, elle ne change point ; si ce n'est quand toutes les rentes d'un même domaine sont élevées ou abaissées. Les crofters sont très désireux d'avoir un croft ; et quand une terre devient vacante, de nombreuses demandes sont adressées au facteur. Quand la rente est fixée par le simple jeu de l'offre et de la demande, elle est toujours beaucoup plus élevée que lorsque le propriétaire la fait déterminer par un évaluateur (1).

Sur les grands domaines où se sont conservées les traditions du passé, le crofter n'est jamais expulsé que quand il a commis un méfait. Au contraire dans les domaines divisés il est à la merci du propriétaire (2).

(1) Sir John Mc Neill, *loc. cit.*, p. 12.

(2) Sir John Mc Neill, *loc cit.*, appendice A, p. 75-76, cite un exem-

Enfin, on trouve encore au milieu de ce siècle des tacksmen. Mais, ce sont seulement des locataires à bail, qui n'ont plus rien de la condition sociale des anciens tacksmen, si ce n'est qu'ils exploitent les grandes fermes. Ils n'ont plus d'influence sur le sort des crofters ; nous n'aurons plus désormais à nous en occuper. Entre les crofters et les tacksmen on trouve des tenanciers qui se considèrent comme au-dessus des crofters. Ils se font appeler « tenants ». En général ils paient une rente annuelle de 20 à 50 livres sterling.

Sir John Mac Neill insiste beaucoup sur l'attachement au pays natal qu'il a remarqué chez les crofters et leur répugnance à vivre ailleurs. Il cite l'exemple de crofters allant travailler tous les étés dans l'East Lothian chez le même maître et revenant tous les hivers dans leurs petites fermes. Ce sentiment ne fut cependant guère respecté dans les moyens que l'en employa pour parer aux inconvénients de la surpopulation. Nous voulons parler de l'émigration systématique qu'on expérimenta au cours de ce siècle. Ce fut, avec une réorganisation de l'assistance publique, l'un des deux remèdes officiels à la rupture d'équilibre entre la population et les moyens d'existence provoquée par la maladie de la pomme de terre.

On avait bien proposé à cette époque d'organiser enfin l'agriculture chez les crofters. Une campagne fut

ple curieux d'exploitation en runrig très prospère et donnant des bénéfices supérieurs à ceux des exploitations individuelles.

menée en ce sens dans laquelle on établit que le sol était susceptible d'être mis sérieusement en valeur et qu'il ne manquait que des fonds pour obtenir ce résultat (1).

Les landlords ne voulurent pas entendre. Il fallait des remèdes plus expéditifs. On recourut donc à l'émigration qui irrita à juste titre les populations et à de nouvelles lois des pauvres qui n'eurent qu'un effet médiocre.

§ 2

Avant un act qui fut voté en 1845, les secours aux pauvres étaient distribués dans les bourgs par les conseils de ville et dans les districts ruraux par le tribunal ecclésiastique et les propriétaires de la paroisse. Dans les Hautes-Terres les quêtes de l'église formaient le principal fonds de secours. Aux fruits des quêtes s'ajoutaient quelquefois les dons des tacksmen et des propriétaires. Dans plusieurs paroisses, par exemple à Inverness, il y avait un impôt volontaire pour compléter les quêtes de l'église.

Le montant des secours distribués ne représentait nullement une assistance efficace et complète. Une personne nécessiteuse recevait par an de cinq shillings à deux livres au maximum ; mais rarement plus de dix shillings.

(1) W. P. Alison, *on the famine* etc. *loc. cit.* On trouvera dans cette brochure des chiffres très intéressants dans cet ordre d'idées.

Suivant un act de 1672, les magistrats et le tribunal ecclésiastique avaient qualité pour autoriser les personnes nécessiteuses à demander l'aumône dans les limites de leurs paroisses.

L'act de 1845 autorisa les paroisses à choisir pour faire les fonds de secours de leurs pauvres entre une contribution volontaire et l'imposition spéciale.

La famine de 1846-47 permet de juger l'œuvre de l'assistance publique.

Tous les rapports montrent que les habitants des Hautes-Terres et des îles y étaient indifférents. Ainsi la paroisse de Kilmuir, dans l'île de Skye, était indiquée dans le rapport de l'assemblée générale du clergé (1) comme la paroisse dans laquelle le secours paroissial était le plus petit de toute l'Ecosse. Il se montait à 5 livres sterling par an et était distribué à 110 personnes sur 4000 habitants. Or, dans une lettre du 21 avril 1847, le Dr Boyter, chargé de distribuer les secours, écrit que la paroisse est dans la détresse la plus complète et qu'il doit assister tout le monde. A Harris, la dépense annuelle pour les pauvres est inscrite pour une livre sterling, un shilling, huit pence ; au moment de la famine il a fallu nourrir complètement 2600 personnes sur 5000 habitants. A Latheron dans le comté de Carthness, sur une population de 720 individus, la somme distribuée en moyenne annuellement est de 39 livres. Quand

(1) *Report published ly the general assembly of the Church of Scotland as to the management of the Poor in Scotland*, 1839, p. 103.

l'agent du comité de Glasgow s'y rend, il est obligé de donner des vivres presque à tout le monde. A Arisaig, dans les îles, si le comité central n'avait pas envoyé de secours, plusieurs centaines de personnes auraient péri infailliblement.

Du rapprochement des secours infimes inscrits au budget ordinaire des pauvres et des secours considérables qui durent être distribués, il nous semble résulter que l'organisation de l'assistance était pour ainsi dire nulle.

En 1848, on créa des poor-houses pour recueillir les indigents. Jamais on ne put y faire aller les habitants des Hautes-Terres.

A partir de 1853, sous la pression du conseil de surveillance, les paroisses adoptèrent la contribution volontaire (1).

Malgré tout ce qu'on fit les Highlanders et les habitants des îles se montrèrent toujours hostiles à l'assistance officielle et n'y recoururent que dans les cas extrêmes.

De ce côté encore nous trouvons donc une influence, dans l'apathie de la population à laisser se développer le paupérisme, qui complique le problème de la population.

Pour couper court au mal, on résolut de transporter

(1) Tous ces chiffres sont empruntés à W. P. Alison, *Observations on the famine*, etc., p. 20 et suivantes.

purement et simplement le plus grand nombre possible de familles en Amérique ou en Australie.

Les agents d'émigration ne cachèrent nullement le but poursuivi. Si nous avons hésité à prendre parti sur l'appréciation de l'émigration au commencement de ce siècle, nous ne pouvons pas douter des sentiments qui l'inspirèrent dans la deuxième période que nous avons déterminée.

Il y avait trop de monde : il fallait débarrasser le pays coûte que coûte et l'on ne regarda pas aux moyens (1).

(1) Je transcris la lettre que M. Elliot, agent général pour l'émigration du royaume-uni, adressait au secrétaire d'Etat des colonies le 29 juillet 1837.

Cette lettre a été publiée en 1841, liv. XXVII des papiers parlementaires, p. 229.

Elle a pour titre : Report of the applicability of emigration to relief of distress in the Highlands.

..... In the first place, in order to be effectual, the removal of the people must really be in a body. Whether or not a partial and selected emigration, such as I shall presently have occasion to describe as in a progress to Australia, may be serviceable as a palliative, it cannot be denied, that, as several of the proprietors have already urged in reference to that undertaking, it can afford no radical cure. To make a deep impression on the case, not merely the active and the enterprising, but the weak, the aged and the sickly, must accompany the general migration. And in throwing a body of people so composed upon the shores of the colonies, it would be indispensable to guard against the unfair burthen which it might otherwise produce there, in its transit to the place fixed upon for its ultimate settlement. Provision must be made, at the chief towns through which they pass, for the support of persons disabled by accident or by sickness ; for their accomodation in hospitals ; and for the care of the widows and orphans who, in the journey of such large numbers, would become so during the course of the expedition.

..... Dr Boyter has already been employed for some time in the distressed districts, with authority to send out as many ships, containing

En 1837, la pomme de terre avait déjà été atteinte, dans un certain nombre de districts, de la maladie dont nous avons parlé. On organisa alors un premier courant d'émigration.

Après la maladie de 1847, l'idée fut reprise et développée. De 1851 à 1863, 2231 personnes quittèrent l'île de Lews (1). Leur propriétaire paya le voyage. En 1851, 1100 personnes furent transportées de South Uist et de Barra au Canada (2). Un jour, on fit un grand meeting à Loch Boisdale, où se tenaient des transports prêts à partir. Sur un signal donné, on s'empara des malheureux habitants qu'on transporta de force sur les navires.

Au printemps de 1853, les tenanciers de Knoydart reçurent sommation de quitter leurs fermes et en même temps avis que Sir John Mac Neill, président du Board of Supervision, avait décidé de les envoyer en Australie. Puis, sans plus les consulter, que la première fois, on les invita à se tenir prêts à partir pour le Canada. Un na-

persons of the description required by the colonies, as he might find wished for on the spot, and likely to be beneficial there ; and he has power, within moderate limits, not to object to the reception of aged relatives of such emigrants, provided the cost of the passage of these individuals, beyond the prescribed years, be paid for by their friends or landlords. The second ship sent under this arrangement is about to sail ; and a third will go in August. Dr Boyter is then to report how much further there seems an opportunity of carrying the plan with advantage.

(1) Mackenzie, *loc. cit.*, 312.

(2) Mackenzie, *loc. cit.*, 255.

vire vint les chercher, on les embarqua de force et leurs maisons furent brûlées.

Ces procédés énergiques produisirent enfin le résultat qu'on attendait ; partout ou presque partout au moment où commence l'agitation qui aboutira au crofters' act, la population a diminué dans des proportions considérables (1).

(1) Voici quelques chiffres empruntés aux recensements de 1831, 1841, 1851, 1881 :

		1831	1841	1851	1881
Comté d'Argyll.	Inverary	2233	2277	2229	946
	Jura et Colonsay	2205	2291	1901	1343
	Kilbraudon et Kilchattan	2833	2609	2375	1767
	Kilchrenan et Dalavich	1096	894	776	504
	Kilmartin	1475	1213	1144	811
	Kilninver et Kimelford	1072	970	714	405
	Knapdale (Nord)	2583	2170	1666	927
	Small Isles	1015	993	916	550
Comté d'Inverness.	Alvie	1092	972	914	707
	Bracadale	1769	1824	1597	929
	Kilmuir	3415	3629	3177	2562
	Sleat	2756	2706	2531	2060
Comtés de Ross et Cromarty.	Applecross	2892	2861	2709	2239
	Cromarty	2900	2662	2727	2009
	Killcarnan	1479	1643	1794	1059
	Kintail	1240	1168	1009	688
	Nigg	1404	1426	1457	1000
	Urquhart et Logie-Wester	2864	2997	3153	2525
Comté de Sutherland.	Loth	2234	2526	640	584
	Rogart	1805	1501	1535	1227

TROISIÈME PÉRIODE

I. — Cependant la condition des crofters ne s'est pas améliorée pour autant. Leurs habitations sont toujours aussi misérables. La Commission qui fut nommée en 1883 pour faire une enquête sur leur état et celui des cottars nous décrit leurs huttes à peu près dans les mêmes termes que Sir John Mac Neill en 1851. « Elles manquent souvent de fenêtres, pas d'autre plancher que le sol battu, parfois un lit est établi dans une niche de la muraille. A les voir, on croirait que ceux qui les habitent sont tombés au dernier degré de l'abjection physique et morale, si l'on ne savait tout ce que les Highlanders ont conservé de décence, de vertu et même d'affinement intellectuel (1). »

Les expulsions pour faire place aux moutons ont cessé. Le commerce de l'élevage, après avoir pris un grand développement et atteint son apogée en 1866 (2), a décliné depuis lors. C'est surtout sur la laine que la

(1) *Report of Her majesty's commissioners of inquiry into the condition of the crofters and cottars in the Highlands and Islands of Scotland*, 1884.

(2) V. sur cette question, dans le détail de laquelle nous ne pouvons entrer, une brochure fort intéressante de M. George Malcolns, facteur à Invergarry, *The population, crofts, strap walks and deer forests of the Highlands and Islands*, 1883.

crise s'est fait sentir. Après une hausse très grande dans les cours en 1872, la baisse a été progressive. De 1 livre sterling quatorze shillings les vingt-quatre livres en 1872 les laines cheviots sont tombées en 1883 à treize shillings. Cette baisse est intéressante à signaler car elle peut expliquer, dans une certaine mesure, la facilité avec laquelle les landlords votèrent le crofters' act qui consacrait cependant au profit des crofters même le droit de les obliger à leur louer tout ou partie de leurs fermes à moutons.

En présence du reste des pertes continuelles qu'ils éprouvaient avec l'élevage, beaucoup de propriétaires ont désaffecté leurs terres de leur destination agricole. Ils en ont fait des chasses à daims, deer forests (1). Les deer forests sont d'immenses landes incultes où le plus souvent on ne rencontre pas un seul arbre.

En 1891, il y avait en Ecosse 2.572,133 acres de terres exclusivement consacrées aux chasses à daims et plus particulièrement à toutes sortes de chasses. Ces terres présentaient pour leurs propriétaires un revenu annuel de 120.883 livres sterling (2).

On a beaucoup dit et beaucoup écrit contre les deer forests au moment des luttes politiques de 1885. La Commission de 1883 a entendu également de nombreuses

(1) Le mot forest est ici intraduisible par le mot français forêt; du reste, il est employé aussi très souvent dans le sens de landes herbeuse et buissonneuses dans les rapports annuels de l'*U. S. geological survey*.

(2) Return of particulars of all Deer Forests and Lands exclusively devoted to Sport in Scotland, 5 août 1891, n° 452.

BIBLIOTHÈQUE ... R.F. ... IMPRIMÉS

doléances contre les chasses ; toutefois elle n'a pu relever qu'un seul cas dans lequel il était clairement établi que des crofters eussent été expulsés pour faire une deer forest. Les crofters se sont plaints aussi que les daims détruisaient les récoltes (1).

Le plus grave reproche que l'on puisse faire aux deer forests, c'est qu'elles contribuent à empêcher la formation de différentes classes sociales, de même que les grandes fermes à moutons (2). Il n'existe guère, dans les Hautes-Terres et les îles, en dehors de quelques grands fermiers, que de petites gens crofters, cottars, bergers. Le ministre, le médecin, le maître d'école et le facteur ou intendant représentent seuls l'élément intellectuel. Entre les crofters et le grand landlord, il n'y a point de situations intermédiaires ; ou bien elles sont très rares. L'établissement des deer forest a certainement contribué à améliorer la condition des crofters. Ceux-ci tracent des sentiers, posent des barrières, s'engagent comme domestiques pour la saison de la chasse ou louent leurs chevaux. Mais ils prennent au château des habitudes de vie facile et luxueuse parmi le personnel ; ils se détournent parfois de la culture de leurs champs pour mener une existence paresseuse avec les salaires élevés qu'ils ont gagné pendant la saison.

(1) Report of Her majesty's commissioners of inquiry into the condition of the crofters and the cottars in highlands and islands of Scotland, 1884.

(2) Nous verrons ces questions plus en détail avec le rapport de la Commission de 1892 chargée de rechercher le moyen d'utilisation des terres de ferme de moutons ou des deer forest.

De son côté, le landlord ne prend plus d'intérêt aux cultures et néglige les besoins locaux. Il n'est au pays que quelques semaines ; le temps de la chasse.

Au total, le crofter a vu sa condition s'améliorer, il est mieux payé qu'autrefois quand il travaille, il est exonéré des services gratuits qui lorsqu'ils sont imposés, le sont le plus souvent dans l'intérêt de sa tenure ou du township, il est dégrevé de toutes les charges qui pesaient jadis sur l'industrie locale et les importations.

Le cottar est toujours dans la condition modeste de 1851 ; mais il s'est fait de plus en plus pêcheur. Malheureusement l'industrie de la pêche est en décadence.

II. — La période à laquelle nous sommes arrivés est une période particulièrement troublée au point de vue agraire. Une série de réformes y étaient proposées ou votées pour l'Angleterre et le fameux Irish land act venait d'accorder les trois F. aux Irlandais (fixity of tenure — fair rente — free sale). Les crofters écossais ne pouvaient rester indifférents, ou mieux ceux qui prenaient la défense de leurs intérêts ne pouvaient rester inactifs.

Un mouvement se forma dans les villes qui se généralisa bien vite.

Ce mouvement a pris naissance chez les écossais établis en Angleterre. Le développement des moyens de transports, les progrès de l'industrie et du commerce ont au cours de ce siècle attiré dans le sud beaucoup de jeunes Highlanders qui n'ont pas tardé à occuper dans les affaires des situations influentes. Mais l'Ecossais n'oublie pas son pays. Il garde au cœur le souvenir des injustices souffertes par les siens. Ce que le modeste crofter ou cottar, impuissant au fond de sa glen ne pouvait faire contre le landlord, son fils indépendant osa l'accomplir.

Les Highlanders, résidant dans les villes, prêchèrent la croisade contre le landlord (1). La campagne ne tarda pas à porter ses fruits. Les crofters de Kilmuir, dans l'île de Skye, osèrent déclarer publiquement que l'inondation qui avait emporté la maison du landlord était un avertissement de la Providence. Les crofters de Leckmolm dans le Rosshire avaient été dépossédés par un nouveau propriétaire. Le ministre de l'église libre protesta contre ces agissements.

En 1881, les crofters de Braes près Portree dans l'île de Skye prirent possession de Banlee qui était une terre de pâture d'où le propriétaire les avait antérieurement évincés. Les autorités locales, celles du comté, les mirent en vain en demeure d'avoir à déguerpir. Une centaine de constables furent amenés de Glasgow

(1) V. la collection du Highlander d'Inverness et du Church Reformer du Weekly Freeman. — Toutes les brochures des ligues agraires. « The land for the people ; an appeal. The Irish land Question ; an appeal to the Land leagues. A plea for the Nationalisation of the land. » — Letter from Dr Nulty, Bishop of Meath, to Joseph Corven M. P. — C'est à ce moment que furent réimprimés les « Gloomy memories » dont nous avons parlé plus haut. V. au surplus à la bibliographie. On remarquera qu'un grand nombre des ouvrages cités ont paru entre 1880 et 1886.

dans l'île pour appuyer l'action des magistrats. Une émeute s'en suivit ; plusieurs policiers furent blessés. L'expédition avait manqué son but, la force armée dut retourner à Glascow.

Cependant, les Highlanders des villes (1) mirent à profit ce succès en organisant un grand mouvement d'ensemble. A Inverness, l'historien M. Alexandre Mackenzie posa les premières bases de la *Highland land law reform association*. Puis se formèrent à Edimbourg la *Highland association of Edimburgh* qui fut l'œuvre du réformateur infatigable M. Dugald Gorvan, et à Londres la *Land law reform association of London* créée par M. Donald Murray. Au point de vue du nombre, de l'influence et des moyens financiers, l'association de Londres prit immédiatement la première place. Elle était auprès du gouvernement, elle pouvait agir sur les députés et les surveiller. Elle fut la tête et l'inspiratrice du mouvement agraire. M. Alex. Mackenzie visita, en 1882, les crofters des Hautes-Terres de l'Ouest et des îles, embrigadant les crofters dans le mouvement agraire. En 1883, le président de la *Highland land law association* de Londres, sir Donald H. Mac-Farlane, qui représentait alors au Parlement le comté de Carlow en Irlande, proposa à la Chambre des communes, la nomination d'une commission royale à l'effet de faire une enquête sur

(1) Je dois tous ces renseignements sur les sociétés agraires à M. J. Stuart Glennie, qui a bien voulu m'expliquer toute cette campagne.

la condition des crofters et des cottars des Hautes-Terres et des îles de l'Ecosse. Le gouvernement libéral fit immédiatement droit à cette demande.

Alors, à l'automne de 1884, toutes les associations pour les réformes agraires dans les Hautes-Terres se groupèrent en une seule ligue très puissante qui prit le nom de *Highland land law reform association*. La première conférence annuelle fut tenue à Dingwall, dans le Rosshire sous les auspices du comité central exécutif de Londres.

La *Highland land law reform association* se proposait de restituer aux paysans par tels moyens que les intéressés détermineraient, en se conformant aux lois constitutionnelles, leurs droits historiques sur la terre; de s'opposer de même à la dépopulation des Hautes-Terres par éviction, émigration forcée ou tout autre moyen, d'abolir les lois sur la chasse ; et, d'une manière générale, de provoquer toutes réformes propres à améliorer la condition des habitants des Hautes-Terres et des îles de l'Ecosse.

L'association était ouverte à tous ceux qui approuveraient son programme et souscriraient à son fond de propagande. Elle se divisait en groupes, comités de groupe, associations de comté, conseil exécutif de comté. Un comité exécutif général centralisait la direction sous le contrôle suprême de l'assemblée annuelle.

Chaque année, cette assemblée formée des délégués

des groupes statuait sur toutes les questions intéressant l'organisation de la ligue, ratifiait ou rejetait les règlements d'application du conseil exécutif, élisait le bureau et sept membres de ce conseil, décidait en appel et en dernier ressort sur toutes les contestations tranchées dans les différentes commissions exécutives; les conseils de comté étant juges d'appel au premier degré des décisions des comités de groupes, le conseil central des décisions des conseils de comté.

Immédiatement après la conférence tenue à Dingwall, M. J. S. Stuart Glennie, accompagné d'un crofter de l'île Skye et du Rev. Donald Maccallum se rendit dans les Hébrides, tint des meetings partout, principalement en plein air, et excita le plus grand enthousiasme.

Les efforts des ligues agraires s'étaient portés sur la préparation des élections au Parlement. A une conférence tenue à Bonar Bridge, dans le comté de Sutherland, il fut résolu que dans les circonscriptions des Hautes-Terres on n'élirait au Parlement aucun landlord ou fils de landlord, sans distinguer si le candidat était libéral ou conservateur. Or, il y avait beaucoup de candidats libéraux dans les circonscriptions des Hautes-Terres qui étaient landlords, quelques-uns même affichaient des opinions très avancées en matière de réforme agraire. Néanmoins, leur condition de landlord suffit à les disqualifier.

L'année suivante, à Portree, la manifestation grandiose des crofters montra que la campagne de la ligue avait porté ses fruits. 7.000 Highlanders descendus de leurs montagnes, traversèrent la ville, bannières déployées, au son des bagpipes. Les résolutions de Bonar Bridge furent ratifiées à nouveau et les noms des candidats crofters aux élections parlementaires acclamés. Les élections de 1885 n'envoyèrent pas moins de seize députés crofters au Parlement.

L'organisation de la ligue à cette époque comprenait deux cents villes et groupes locaux et plus de vingt mille membres. L'effet moral de la campagne fut considérable. Six mois après les élections, le rapport de la Commission royale fut déposé et le projet du crofters'act de 1886 déposé et voté au Parlement. La fixité de la tenure et la rente équitable furent accordées à tous les districts crofters qui avaient pris une part active au mouvement. Mais les crofters de Butte et Arran du comté d'Aberdeen, qui possède plus de crofters qu'aucun autre comté d'Ecosse ; du Pertshire, de certains districts de Moray et de Hairn furent laissés et demeurent encore en dehors du domaine de la loi : cela est dû à ce que, pour des motifs divers, les crofters de ces districts se sont tenus en dehors du mouvement.

Depuis le triomphe de la loi nouvelle, la ligue semble avoir perdu en grande partie son caractère social. Elle n'est plus guère qu'une arme aux mains des politiciens ; elle ne nous intéresse plus.

III. — Le mouvement crofter n'eut pas seulement

pour résultat de faire accorder aux habitants des Hautes-Terres et des îles une réforme agraire que nous étudierons dans un chapitre spécial, il fut encore cause que, dans la même loi, on organisa un système de prêt pour les pêcheurs et que quelque temps après on tenta une nouvelle émigration, mais cette fois volontaire.

Le système de prêt n'était pas spécial aux crofters, c'est pourquoi nous ne ferons que l'indiquer. Tous ceux qui exercent l'industrie de la pêche dans les comtés auquel s'applique le crofter'act peuvent bénéficier de ces prêts.

Les prêts sont consentis en vue de toutes dépenses relatives à la pêche, construction, acquisition et réparation de bateaux, barques, acquisition d'apparaux. La direction de la pêche sous la surveillance du secrétaire d'Etat pour l'Ecosse est chargée d'assurer ce service. Le secrétaire d'Etat pour l'Ecosse avec le consentement des commissaires du trésor règle les délais de paiement, les garanties à exiger des emprunteurs, le taux de l'intérêt.

Tous les ans le compte des prêts doit faire l'objet d'un rapport au secrétaire d'Etat pour l'Ecosse (1).

Examinons maintenant la tentative de colonisation qui a été essayée au Canada.

Le 24 décembre 1888, une commission était nommée par la Reine, afin d'opérer une tentative de colo-

(1) 40 et 50 Victoria, ch. 29, section 32.

nisation du Canada, et de gérer les fonds recueillis à cet effet.

L'expérience fut double, en ce sens qu'elle porta sur deux centres différents, situés, d'ailleurs, à peu de distance l'un de l'autre.

En 1888, trente familles désignées d'avance, formant un total de 183 membres, émigrèrent au Canada, et s'établirent à Killarney (Southern Manitoba). Une somme suffisante leur avait été avancée pour le passage et les frais de premier établissement, matériel, outils, etc. Malheureusement l'année était déjà fort avancée, et les colons n'arrivèrent pas à temps pour obtenir une récolte suffisante avant l'hiver. On dut leur fournir des provisions et les semences au printemps de 1889. Au total un prêt de 118.000 francs, 3.933 fr. en moyenne par famille. Des garanties furent prises pour le remboursement de ces avances.

La récolte de 1889 fut peu abondante ; cependant assez de grain put être amassé pour les mois d'hiver, et presque toutes les familles préparèrent de 30 à 50 acres de terrain pour la saison suivante.

Cette même année, un second départ d'émigrants eut lieu, qui comprenait 49 familles, formant un nombre de 282 personnes. Le territoire choisi se nommait Saltcoats, station de la Compagnie de chemin de fer Manitoba et North Western, à environ 261 milles de Winnipeg.

Les difficultés inséparables d'une première expérience, la construction de maisons et l'appropriation du sol firent perdre beaucoup de temps. De nouvelles subventions furent également accordées, ce qui porta le total du prêt à 182.000 francs, soit 3.715 francs par famille. Un représentant de la Commission, aux appointement de 25.000 francs par an fut chargé de surveiller les deux colonies et de rédiger un rapport annuel.

Un premier rapport avait déjà été adressé à la Commission par son secrétaire provisoire, M. J. G. Colmer; les conclusions en étaient favorables. Cette note optimiste, assez forte au début, ne se maintient malheureusement pas dans la suite.

Malgré les premières difficultés, l'essai promet de réussir, la plupart des familles progressent assez bien. La culture est productive, et du travail supplémentaire est obtenu à Saltcoats auprès de la Compagnie du chemin de fer. Deux familles cependant font défection et s'établissent ailleurs. Déjà quelques enseignements se dégagent, précieux à recueillir. Autant que possible, les familles choisies doivent se composer du père et de la mère (dont l'âge ne dépassera pas 50 ans) et de 4 ou 5 enfants, dont deux au moins devront avoir plus de 14 ans et être en état de prendre part au travail commun ou d'en trouver au dehors. De bonnes précautions sont à prendre: une réserve suffisante de vêtements pour l'hiver, par exemple. Le départ ne doit pas s'effectuer plus tard que le milieu du mois de mars, et même alors, il sera bon que le terrain que les émigrants doivent occuper soit préparé d'avance, contre rémunération, par les familles déjà établies, ainsi que des maisons d'habitation. Il faut éviter toute perte de temps. Enfin, les sommes avancées sont insuffisantes, il est nécessaire d'en élever le chiffre, afin d'augmenter les chances de succès.

L'état moral de la petite colonie est en général satisfaisant. Les émigrants s'habituent à leur nouvelle patrie et ont confiance en l'avenir : les exemples autour d'eux sont faits pour les encourager, et au Canada prospèrent les colons venus d'Allemagne, des pays scandinaves, de Hongrie, de Roumanie, etc... Rien n'empêche qu'ils réussissent comme eux.

L'année 1890 n'est pas moins bonne que la précédente. Le rapport accuse pour la colonie de Killarney les chiffres de 1346 acres (froment), 74 (avoine) et 9 (pommes de terre). Les plus jeunes membres des familles progressent également de leur côté ; les difficultés du début une fois surmontées, l'entreprise a toutes les chances de succès.

A Saltcoats cependant une défection assez sérieuse se produit ; 18 familles abandonnent les terrains qu'on leur avait confiés, sans qu'on sache bien au juste pourquoi. La plupart aiment mieux travailler à gage chez d'autres qu'exploiter une ferme pour leur propre compte. Un témoin rapporte que beaucoup étaient découragés par l'insuccès des premières récoltes et par la prolongation de la sécheresse.

Les 31 familles qui restent cultivent entre elles 240 acres, 105 pour le froment, 120 pour l'avoine et 15 environ pour les pommes de terre. Le district se développe rapidement, des crêmeries s'ouvrent dans le voisinage.

En 1891, la marche en avant continue. A Killarney, les chiffres s'élèvent à 2110 acres pour le froment, 182 pour l'avoine et 11 acres et demi pour les pommes de terre. L'étendue de terrain préparé pour la campagne suivante est de 3565, soit une augmentation de 1262 sur l'année précédente. La part des jeunes familles n'est pas estimée à moins de 1374 acres. Le nombre des animaux domestiques augmente.

Les colons de Saltcoats semblent toujours moins heureux et n'améliorent leur position que plus lentement. En 1892, il ne reste plus que 18 familles sur les 49 qui s'établirent originairement dans cette partie de la contrée. Cet échec partiel est attribué à différentes causes, mais surtout à un manque d'énergie et d'initiative de leur part.

Killarney, au contraire, s'étend de plus en plus. Mais malgré les bénéfices que ses habitants ont dû réaliser, le représentant de la Commission ne peut obtenir d'aucun d'entre eux le premier remboursement du prêt qui leur a été consenti, et demande l'autorisation de poursuivre judiciairement. Tous ont l'impression que l'argent avancé par le gouvernement n'aura pas à être remboursé par eux. La réponse qu'ils font part d'un sentiment bien humain et qui ne leur est pas particulier : « Les autres crofters ne peuvent pas payer : pourquoi commencerions-nous à le faire ? » Ils refusent même de payer les impôts dus à la municipalité, qui doit faire procéder à la vente des propriétés.

Il semble donc que l'expérience de colonisation, en tant que spéculation financière, n'ait point de chances sérieuses d'aboutir. Mais ce n'est pas évidemment là le but que les organisateurs s'étaient proposé, ni le point qu'il convient de retenir. Le côté agricole de la question est surtout celui qui nous intéresse, et, pour la première colonie du moins, il ne semble pas que l'entreprise ait échoué. En 1895, Killarney compte 54 fermes, et l'étendue des terres occupées est de 3604 acres, la production de froment est de 49.112 boisseaux, au lieu de 21.797 l'année précédente. La production totale (grains et pommes de terre) est de 67.926 boisseaux, au lieu de 39.267 en 1894.

Le nombre des animaux domestiques suit la même progression ; les acquisitions nouvelles sont de 58 chevaux, 51 bœufs, 82 vaches, 63 génisses, etc... La volaille atteint le chiffre respectable de 1484. Il est vrai de dire que des emprunts ont été contractés par les émigrants, et que les dettes primitives ont été un sérieux obstacle au développement et à la prospérité de la petite colonie.

Avant de porter un jugement définitif sur l'entreprise, il est bon d'attendre que les colons puissent sortir de la situation financière un peu embarrassée où ils se sont engagés ; il faut aussi faire la part de la dépression générale dont souffre l'agriculture dans toutes les parties du monde, et de la baisse de prix considérable qui s'en est suivie (1).

(1) V. Crofter colonisation. — Reports of Her Majesty's commissionners appointed to carry out a Scheme of Colonisation in the Dominion of Canada of Crofters and Cottars from the Western Highlands and Islands of Scotland.

Chaque année il y a un rapport.

LIVRE IV

LA RÉFORME LÉGISLATIVE.

CHAPITRE PREMIER

LA COMMISSION D'ENQUÊTE DE 1884.

Le crofters'act de 1886 a été précédé d'une enquête générale sur la condition des crofters et des cottars.

La commission royale qui fut nommée à cet effet le 22 mars 1883, parcourut les hautes terres et visita les îles du 5 mai au 26 décembre de la même année. Elle tint soixante et onze meetings dans soixante et une stations et reçut les dépositions de 775 personnes. Son rapport renseigne aussi complètement que possible sur l'état du pays. Il est contenu en quatre volumes dont un pour le rapport et les appendices au rapport et trois pour les procès-verbaux des dépositions.

Nous avons vu dans la troisième période de l'évolution du crofter au XIXe siècle quelle était sa condition à ce moment. Ce que nous voulons retenir du rapport, comme introduction à la loi nouvelle, ce sont les propositions législatives que les commissaires ont cru devoir formuler pour résumer leurs impressions.

Elles peuvent se ramener aux grandes lignes suivantes. Créer une législation de sélection qui offre à ceux-là seuls dont la condition est susceptible de progresser, le bénéfice de la sécurité dans cette condition et tous les autres avantages imaginés par les commissaires. Ces avantages sont la consécration légale du township et un système de baux d'amélioration combinant étroitement la coopération du crofter et du propriétaire.

Le cottar était exclu et la commission le distinguait du crofter par le taux de la rente. Le crofter (1) était le tenancier payant au moins six livres sterling de rente annuelle. Tout tenancier payant une rente inférieure devait être considéré comme cottar.

Le crofter n'était point le tenancier quelconque payant plus de six livres sterling de rente annuelle, mais seulement celui-là qui faisait partie d'un township. Tous les endroits où se trouvent trois exploitations agricoles au moins, possédant la jouissance commune d'une terre de pâture ou l'ayant possédée dans les quarante dernières années, auraient fait l'objet de mentions spéciales sur les registres du shériff (2) de comté. Ces groupements sont les townships de la commission.

Pour les consolider, un plan devait fixer exactement

(1) Rapport, p. 36.
(2) Rapport, p. 18.

leur individualité et être déposé au bureau du greffier du shériff. Le plan aurait été tenu au courant des modifications survenues dans l'aménagement des townships. Le township aurait eu son représentant ou constable chargé des intérêts communs, notamment dans les rapports entre propriétaire et crofter.

Le crofter aurait eu le droit d'exiger de son propriétaire un bail dit d'amélioration ; il aurait pu l'y contraindre, en cas de résistance, en l'assignant devant le shériff. Par ce moyen, le crofter obtenait une indemnité pour les améliorations faites antérieurement au fonds soit par lui, soit par ses prédécesseurs, appartenant à sa famille ; en outre il s'assurait, par le fait même qu'il avait un bail, la sécurité pour toute sa durée. Il devait mettre à profit ce temps pour accomplir toutes les améliorations utiles. La commission établissait une échelle de rapports entre la durée du bail et les sommes que le crofter devait dépenser, ou le travail qu'il avait à fournir, eu égard à sa rente (1).

De plus, en sa qualité de membre du township (2), il avait encore le droit de réclamer la contribution du propriétaire dans une série d'améliorations qu'énumère et discute la commission ; barrières pour enclore les terres arables, ponts, routes, etc.

La base de la distinction, d'une façon générale, était celle que l'on retrouve si souvent dans les nouvelles institutions anglaises, le skilled labour et l'unskilled

(1) Rapport, p. 37.
(2) Rapport, p. 19.

labour. Le propriétaire devait faire les frais du skilled labour, le crofter devait fournir l'unskilled ; le premier aurait payé le travail qui ne peut être fait que par un homme dù métier ; le second aurait fait ou payé toute la grosse besogne.

On retrouve particulièrement ces idées dans la proposition de la commission relative aux deer forests (1). Pour éviter les déprédations commises par les daims sur les cultures des crofters, la commission demandait qu'on rendît obligatoire pour le propriétaire la construction de barrières de protection, déjà en usage sur un grand nombre de domaines. Le propriétaire aurait été obligé de fournir les matériaux, le transport et le « skilled labour », les crofters « l'unskilled labour ». En outre, la commission aurait voulu que le crofter eût été autorisé à tuer les daims qu'il aurait trouvés sur ses terres. C'était, d'après elle, le seul moyen efficace d'empêcher que les récoltes fussent continuellement détruites.

Enfin, non seulement la commission par la consécration du township consolidait la situation des crofters et par les baux d'amélioration facilitait leur progrès économique (2), mais par un système de prêts elle aurait voulu leur donner l'accès à la propriété.

Elle avait remarqué au cours de son enquête la prospérité de tout petits propriétaires des îles Orcades, les « lairds of Harray » ; elle se flattait d'assurer dans l'a-

(1) Rapport, p. 88.
(2) Rapport, p. 41.

venir aux crofters une condition analogue. Des prêts auraient été consentis par le gouvernement aux crofters pour acquérir leurs holdings. Les cottars pêcheurs auraient eux aussi participé à ces avantages pour l'achat de leurs petites maisons. L'emprunteur devait d'abord obtenir le consentement écrit de son propriétaire à la cession du holding ; après cela, il faisait une déclaration au greffe du shériff et obtenait l'avance des deux tiers du prix par le trésor à la condition que ce prix ne dépassât pas la rente de vingt-cinq années et qu'il en déposât lui-même le tiers.

Ce qui distingue particulièrement le projet de la commission, et la raison pour laquelle nous l'avons analysé un peu longuement, c'est qu'il tient compte du milieu qu'il a observé et que toutes les réformes proposées sont inspirées par des observations précises.

La commission avait voulu faire œuvre essentiellement écossaise et n'avait pas repris pour son compte la législation irlandaise. C'est ainsi qu'elle se prononça très nettement contre la consécration générale de la fixité de la tenure et contre toute fixation par une autorité du taux de la rente.

Son œuvre fut violemment critiquée (1) ; et il n'en est rien resté dans la loi nouvelle.

(1) *Examination of the crofters commission report*, par Joseph Shield Nicholson, Edimbourg, 1884 et la polémique entre le duc d'Argyll et lord Napier and Ettrick, président de la commission dans *The Nineteenth Century*, nos de février 1883, p. 173 et suivantes, novembre 1884, p. 681, et mars 1885, p. 437.

CHAPITRE II

LE CROFTERS'ACT.

§ 1

La loi nouvelle part de points de vue tout à fait différents. Elle organise un *modus vivendi* entre le landlord et le crofter qui rappelle celui du land act irlandais de 1881. Elle paraît innover beaucoup en donnant aux crofters la fixité de la tenure, la fixation de la rente par voie de commission, le droit d'agrandir la tenure en obligeant le propriétaire à louer le terrain nécessaire. Et cependant lors de la discussion on s'est efforcé d'atténuer autant que possible ce caractère réformateur. Le parti conservateur s'est ingénié à trouver des précédents à toutes les dispositions de la loi. Il sentait qu'il fallait céder devant l'opinion ; il donna, mais il voulut avoir l'air de continuer le passé, en le consacrant.

Pour bien comprendre la portée de l'œuvre, nous croyons qu'il convient précisément de tenir grand compte des précédents, lois ou usages, et c'est pourquoi nous diviserons le commentaire du crofters' act en trois parties.

Première partie. — Dispositions du crofters'act qui

ne sont que la consécration des principes du droit commun avec ou sans quelques légères modifications.

Deuxième partie. — Dispositions où l'on s'écarte du droit commun mais en consacrant des usages plus ou moins reçus.

Troisième partie. — Dispositions qui sont œuvres nouvelles.

Avant d'entrer dans l'exposé des avantages créés par la loi, il convient de remarquer que cette loi s'applique exclusivement aux crofters comme nous l'avons fait pressentir au cours de cet exposé et aux crofters qui habitent les comtés de Shetland, Orcades, Caithness, Sutherland, Ross and Cromarty, Inverness, Argyll.

« Le crofter (1) est défini toute personne qui, au moment du vote de la loi, est tenancière d'un holding à l'année, qui réside sur son holding, pour une rente annuelle n'excédant pas 30 livres sterling en argent, et dont le holding est situé dans une paroisse de crofts. Les successeurs héritiers ou légataires du holding sont également considérés comme crofters.

« Une paroisse de crofts est une paroisse dans laquelle, il y a ou il y a eu depuis moins de quatre-vingts ans des holdings consistant en terre arable et en terres de pâture tenues en commun avec d'autres et dans laquelle il y a encore des tenanciers dont la condition correspond à celle ci-dessus définie de crofter.

(1) Sect. 34.

« Un holding dans les termes de la loi est une terre occupée par un crofter, qui comprend de la terre arable ou de la terre de pâture, ou de la terre partie arable et partie de pâture, qui a été exploitée comme telle au moment du vote de la loi. Le holding comprend également la maison d'habitation et ses dépendances (1). »

On voit par ce qui précède que la loi n'a point admis de limitation minima à la condition du crofter basée sur le taux de la rente. La limitation proposée par la Commission avait déjà fait entre les commissaires l'objet de discussions très vives et l'un d'eux avait cru devoir faire un rapport spécial dans lequel il protestait contre le chiffre minimum proposé de six livres (2), le chiffre était véritablement trop élevé ; un cinquième ou un dixième seulement des crofters auraient été favorisés (3). C'est pourquoi le gouvernement, par l'organe du lord advocate pour l'Ecosse, M. Balfour, rejeta toute espèce de chiffre minimum.

S'il y a donc une limite maxima de 30 livres au-

(1) Le mot holding, d'après la loi anglaise, est une pièce de terre tenue à bail ou occupée par un tenancier et affectée à un usage agricole ou pastoral. Cette définition est nécessairement très vague en soi ; elle est précisée chaque fois qu'une loi s'occupe de holding par une définition spéciale. Ainsi l'*Agricultural Holdings act* de 1875 donne une définition exacte du mot holding ; le Land act irlandais de 1881 en donne une autre. V. pour plus de développement, John Houston Merrill, *The American and English encyclopœdia of law*. New-York, 1889, V. *Holding*.

(2) *Memorandum* by Fraser Wackintosh, p. 137 du rapport.

(3) Hausard, *Parliamentary debates*, 18 mai 1885, vol. 290, *House of Commons*, p. 854.

dessus de laquelle le crofter perd sa condition privilégiée, il la gardera toujours, au contraire, si faible que soit la rente.

On le distinguera alors du cottar en ce que le cottar est seulement un occupant du sol, tandis que le crofter en est l'exploitant. Cela est si vrai que le crofter qui est ministre ou maître d'école n'est plus crofter au sens de la loi. S'il devient ouvrier ou commerçant il perd sa condition de crofter s'il a été établi par le landlord dans l'intérêt du voisinage (1). On retrouve, dans cette disposition la marque que les relations entre crofters et landlords ne sont pas les relations de propriétaire à tenancier ordinaire. Enfin le crofter n'aura pas le droit de monter une auberge sans le consentement du propriétaire (2), et s'il le fait et que ce soit dans l'intérêt du voisinage, comme l'ouvrier et le commerçant, il perd les droits de crofter.

D'après la définition que nous avons donnée, le crofter ne doit pas non plus occuper le sol à titre de locataire ; car, s'il jouissait en vertu d'un bail, il aurait, en prenant des arrangements particuliers, changé sa condition traditionnelle.

Or, précisément, c'est là la part qui a été faite aux souvenirs historiques. Il n'y avait pas à restituer des droits fondés ou non fondés ; il y avait à donner une compensation à ceux qui restaient les victimes d'un changement

(1) Crofters'act, sect. 33.
(2) *Id.*, sect. 1 (8).

légitime ou illégitime. Ceux qui s'étaient élevés dans leur condition n'étaient plus à plaindre. C'est pour quoi le crofter doit être resté le tenancier at will.

A ce compte, le cottar aurait mérité d'être protégé à son tour. On l'a exclu, néanmoins, parce qu'il ne rentrait pas dans le programme qu'on s'était tracé : refaire peu à peu une classe de petits agriculteurs.

Voyons quel genre de régime a été établi dans ce but.

Première partie. — Le crofter est toujours un occupant à titre précaire. Il doit payer sa rente avec exactitude, autrement il sera expulsé de sa tenure. En revanche, s'il la paie, il restera indéfiniment sur le sol sans que le propriétaire puisse jamais le renvoyer. La rente qu'il paie est fixée par une commission administrative, *Crofters' commission*, qui est en même temps chargée de régler les différends qui s'élèvent entre lui et le landlord.

Ce droit est précaire ; aussi ne l'a-t-il qu'à certaines conditions qui établissent entre lui et le propriétaire un rapport de dépendance. C'est là la grande part qui a été gardée du passé.

Comme par le passé, il doit payer la rente, subir une série de servitudes au profit du propriétaire, jouir en bon père de famille.

Il perd sa tenure, s'il ne remplit pas ces obligations, il peut même la perdre, tout en les observant, dans les cas que nous examinerons plus loin.

1° Il doit payer la rente et la payer aux termes d'usage. En général, ces termes sont la Pentecôte et la Saint-Martin. Quand la rente est due et impayée, il peut être expulsé.

Le crofters'act renvoie (1) à la section 27 de l'agricultural holdings act pour l'Écosse de 1883 (2) et à un act de Sederunt du 14 décembre 1756 (3).

Quand deux ans d'arriérés sont dus, l'expulsion est prononcée immédiatement ; il en est de même lorsque le crofter a violé les obligations qui lui sont imposées et que la loi regarde comme essentielles ; ne rien faire qui entraînerait l'expropriation de la tenure, ne pas céder son droit, jouir en bon père de famille dans le sens que nous déterminerons, diviser son holding ou le sous-louer sans le consentement du propriétaire, ne rien faire qui entraînerait sa mise en faillite.

S'il doit un an de rente et moins de deux ans le propriétaire a le droit d'introduire une action devant le shériff tendant à faire prononcer l'expulsion au prochain terme. Quand il donne caution pour les années échues et une année à courir, le shériff, s'il agrée la caution, ne prononcera pas l'expulsion.

2° Le propriétaire ou toute personne autorisée par lui,

(1) Crofters' act, sect. 3.

(2) 46 et 47 Victoria, chap. 62.

(3) L'act de sederunt du 14 décembre 1756 touchant les expulsions avait été modifié par l'*Hypothec abolition act* pour l'Ecosse (43 Victoria, chap. 12) et particulièrement la section 4 qui nous occupe. La section 4 de l'act de sederunt a été rétablie par l'agricultural holdings act de 1883.

à charge d'indemniser le crofter des dommages à lui causés par ce fait, a le droit de pénétrer sur le holding aux fins suivantes (1) :

a) Creuser une mine, faire des fouilles, extraire des minerais, prendre des pierres ou marbre, du sable, de l'argile, etc. ;

b) Couper ou prendre de grands arbres, excepté ceux qui ont été plantés par le crofter ou les membres de sa famille le précédant dans le holding et aussi ceux qui peuvent servir à l'ornementation ou à l'abri ; couper de la tourbe, sauf celle qui est nécessaire à la consommation du crofter ;

c) Construire des routes, des barrières, des drains, des canaux pour l'écoulement des eaux ;

d) Passer pour aller et venir à la mer ou de la mer avec ou sans chevaux ; chasser, pêcher, tirer ;

e) Inspecter et examiner le holding.

Le propriétaire a ainsi un droit de surveillance sur la manière dont le crofter exerce le sien.

3° Le crofter a l'obligation de jouir en bon père de famille. C'est ainsi qu'il ne doit pas, à peine de perdre son droit, détériorer les constructions, résister aux injonctions écrites du landlord lui interdisant un abus quelconque du sol, ou violer les conventions écrites spéciales qui auraient été passées avec le landlord dans l'intérêt de la tenure ou celui du voisinage, pourvu, tou-

(1) Sect. 1 (7).

tefois, que ces conventions soient jugées raisonnables par la crofters'commission (1).

4° Enfin le propriétaire peut même lui retirer sa tenure, pour des motifs d'intérêt général ou même d'intérêt privé. Mais le propriétaire doit obtenir l'agrément de la commission administrative, dont nous avons déjà parlé. Celle-ci tranche la question *æquo et bono*. Elle est absolument maîtresse de fixer les compensations qu'elle juge équitable d'accorder au crofter. Elle obligera le propriétaire à lui donner une autre tenure dans le voisinage, ou à lui remettre une somme d'argent (2) ou encore elle réduira la rente si le crofter n'est exproprié que pour partie. Les raisons pour lesquelles le propriétaire reprend le holding sont des plus variées ; on peut dire même, qu'à condition d'obtenir l'agrément de la commission il a toujours le droit de reprendre la tenure. La loi dit en effet « pour tout motif raisonnable se rapportant au bien du holding ou du domaine, donner le holding à usage, le louer, le vendre, y construire des maisons d'habitation, le diviser en petits lopins de terre pour les pêcheurs, etc. »

A côté de ces causes d'intérêt privé la loi énumère toute une série de cas d'intérêt général qui montrent bien que les immenses domaines de l'Ecosse ne peuvent être jugés comme des propriétés ordinaires. Le landlord prend soin d'une foule d'intérêts généraux ;

(1) Sect. 1 (3) (5).
(2) Sect. 2.

ainsi il est autorisé à demander à la commission la reprise du holding pour construire des écoles, des églises, tracer des routes, creuser des ports, etc.

Dans les charges qu'on impose au crofter le passé a donc encore gardé une large place. Dans les avantages qui lui sont conférés il en est de même.

Il n'y a pas à insister sur ce point que si le crofter peut imposer au propriétaire la charge de le conserver, le propriétaire n'a pas le droit d'imposer au crofter de rester sur sa tenure. Il a toujours le droit de s'en aller à charge de notifier sa décision au propriétaire dans les délais légaux (1).

Deux droits particuliers lui sont accordés : le droit de réclamer une compensation pour les améliorations permanentes quand il renonce à sa tenure ou que le propriétaire la reprend et celui de léguer son holding par testament. On les retrouve déjà dans l'agricultural holdings act pour l'Ecosse de 1883 (2).

En matière d'améliorations permanentes le système de l'agricultural holdings act était trop compliqué pour qu'on en fît purement et simplement application au crofter ; on en a gardé seulement le principe.

L'agricultural holdings act déterminait limitativement, dans une cédule annexe, la liste des améliora-

(1) Sect. 7.

(2) 46 et 47 Victoria, chap. 62, Schedules, *the agricultural holdings (Scotland) acts* 1883 *et* 1889, *with notes and summary of procedure*, par Christopher N. Johnstone, advocate, 4e éd. Edimbourgh, p. 63.

tions susceptibles de donner ouverture à une demande en dommages-intérêts. De plus, il divisait ces améliorations autorisées en trois groupes : 1° celles pour lesquelles il n'est pas besoin du consentement du propriétaire ; 2° celles pour lesquelles il suffit de l'avertir que les travaux vont être commencés ; 3° celles pour lesquelles il est besoin de son consentement.

Le crofters'act, au contraire, accorde une indemnité au crofter dans tous les cas où la crofters' commission estime que les travaux ont donné une plus-value au holding, appréciée d'après les avantages qu'en retire le tenancier entrant. Le crofter n'est tenu ni d'avertir le propriétaire, ni d'obtenir son consentement pour les travaux ; mais, si le propriétaire lui a fait défense par acte judiciaire d'élever des constructions, il n'obtiendra pas de dommages-intérêts pour les dites constructions.

Quelle que soit l'époque à laquelle remonte l'exécution des travaux, pourvu qu'ils aient été faits par lui ou l'un de ses prédécesseurs ; il y aura toujours lieu à demande en compensation. Cette disposition est une des dernières qui aient apparu dans les projets de loi. Les bills des 19 mai 1885, 22 janvier 1886 et 25 février 1886 fixaient, au contraire, un délai de trente ans dans lequel les travaux auraient dû être faits avant le jour de la demande (1).

(1) Toute la partie de la loi relative aux compensations pour améliorations est applicable au cottar : même quand celui-ci ne paie aucune rente.

La section 29 de l'agricultural holdings act de 1883 donne à toute personne occupant à bail une tenure agricole le droit de léguer son holding. Au moment où cette disposition passa elle fut très vivement attaquée par les jurisconsultes écossais, comme violant les principes essentiels du louage (1). Il est vrai que le testament doit, en cas de contestation, être homologué par le shériff qui refusera de donner sa sanction si le légataire ne présente pas de garanties suffisantes pour le propriétaire. Il y a là, néanmoins, un empiétement sur les droits de celui-ci qui, contractant volontiers avec une personne, aurait peut-être refusé de contracter avec son légataire.

Cette disposition a été reproduite dans le crofters' act (2).

Deuxième partie. — On ramène à trois les dispositions du crofters'act qui, n'ayant point de précédents dans le droit écossais, peuvent cependant se réclamer d'usages antérieurs.

Ce sont là les innovations les plus importantes de la loi et celles qui affectent le plus les rapports entre propriétaires et tenanciers.

Nous voulons parler de la fixité de la tenure, ou du droit pour le crofter de rester indéfiniment sur son holding en payant exactement la rente ; de la rente fixée par un évaluateur, commission administrative, dans l'es-

(1) Christopher, N. Johnston, *loc. cit.*, p. 20.
(2) Sect. 16.

pèce ; et enfin de la remise totale ou partielle des arriérés.

La commission de 1884 avait eu la sagesse d'être très réservée sur tous ces points. Grâce à son système de baux d'améliorations, qu'il aurait fallu simplifier pour rendre pratique, elle faisait entrer le crofter, pour l'avenir, dans les relations de droit commun entre bailleur et locataire. Par la consolidation du township, elle donnait une physionomie toute spéciale aux avantages qu'elle concédait et mettait la loi à l'abri des généralisations intempestives. Enfin, elle ne faisait intervenir l'évaluateur qu'au moment où commençait le bail d'amélioration ; c'est-à-dire dans un cas où les circonstances de fait justifiaient par elles-mêmes sa présence.

On n'a tenu aucun compte de ces propositions. Les esprits étaient hantés par la législation irlandaise, et les politiciens qui en comprenaient mieux les idées générales firent passer dans le crofters'act les principes de cette législation, à part la free sale.

Toutefois, avant d'entrer dans le détail des avantages concédés, remarquons qu'en ce qui concerne le tenancier, son droit de free sale s'analyse bien dans le droit de céder sa tenure à un tiers, mais au point de vue de l'émolument il se calcule surtout sur les améliorations qu'il a faites au fonds (1). Or, comme il peut toujours abandonner son holding et obliger, en partant, le pro-

(1) V. Bill du 12 février 1896, n° 97. *Memorandum* to allow free sale of all improvements.

priétaire à lui payer les améliorations, le crofter a une sorte de free sale restreinte.

En ce qui concerne les trois avantages dont il nous reste à parler ; l'accord se fit avec une facilité remarquable entre les deux parties du Parlement. Voyant qu'ils ne pouvaient, vu l'état des esprits, refuser plus longtemps les réformes, les conservateurs s'ingénièrent à démontrer qu'ils ne faisaient que consacrer des habitudes reçues.

M. Balfour rappela, quand on discuta sur la fixité de la tenure, que les règlements des domaines les mieux aménagés l'avaient toujours acceptée et il cita à ce propos le rapport de Sir John Mac Neill dont nous avons parlé plus haut (1).

Nous avons vu, en étudiant ce qui était gardé du passé, dans quelle mesure il fallait entendre ce droit de fixité de la tenure.

La détermination de la rente équitable (fair rent) et la remise des arriérés rentrent dans les attributions de la crofters' commission. Elles en forment même la plus grande part.

Du moment qu'on avait admis la fixité de la tenure, on devait logiquement consacrer la fair rent ; autrement le droit de fixité aurait pu être énervé par le propriétaire. Il lui aurait suffi d'élever la rente, de la

(1) V. sur tous ces points le très remarquable discours de M. Balfour aux communes, le 18 mai 1885 ; Hausard, *Parliamentary debates*, vol. 298.

proposer au tenancier à des conditions inacceptables.

La loi ne supprime pas la convention des parties. Le landlord et le crofter fixeront toujours la rente d'accord quand ils le voudront et la rente ainsi fixée demeurera payable pour tout le délai déterminé par la convention et se continuera par tacite reconduction.

Mais supposons que le landlord et le crofter ne s'arrangent pas ou ne veuillent point faire de conventions à ce sujet, ils s'en remettront à la commission administrative du soin de fixer la rente.

Ici, encore (1), le parti conservateur s'efforça de montrer que la loi ne faisait qu'enregistrer des précédents, et on cita à la Chambre des communes l'usage encore conservé des évaluations.

Quand le landlord ou le crofter veulent faire fixer la rente, ils adressent une demande à la commission. Celle-ci doit surtout statuer en équité. Elle tient compte du holding, du district, et particulièrement des améliorations permanentes qui auraient été exécutées par le crofter ou ses prédécesseurs dans la même famille (2).

(1) Hausard, *Parliamentary debates, House of Commons*, vol. 298, p. 850.

M. Balfour pour montrer qu'à cet égard on ne faisait que développer les principes reçus compara la fixité de la tenure au droit que donne le vieil act écossais de 1449 au locataire de rester dans les lieux loués quand l'immeuble change de propriétaire. Autrefois le locataire pouvait être expulsé, nonobstant son bail, par le nouveau propriétaire ; le contrat de bail n'engendrant que des obligations personnelles.

(2) Sect. 5 et 6.

La décision de la commission a effet rétroactif jusqu'au jour de la demande ; de sorte que le crofter est autorisé à déduire sur les paiements futurs ce qu'il aurait payé en trop, durant l'instance.

La rente ainsi fixée l'est pour sept années.

Tous les projets qui ont précédé la loi contenaient des dispositions relatives à la « fair rent » ; les uns en confiaient la détermination à des évaluateurs qui auraient été des géomètres assermentés, les autres à une land court, d'autres à une commission. Le délai de durée de la rente ainsi fixée était aussi quelquefois celui de quinze ans de la loi irlandaise.

Mais ce qui est remarquable à côté de ces divergences de détail c'est l'accord de tous les projets à concéder la fair rent.

Il n'y eut qu'une difficulté qui manqua de faire avorter toute l'œuvre législative. Le marquis de Stafford et le Dr Farquhason avaient, dans un bill du 22 janvier 1886 (n° 17), proposé, comme l'avait fait elle-même la commission, la création d'un système de prêts d'Etat aux crofters pour leur permettre d'acheter leurs tenures.

M. Balfour (1) en prit texte pour proposer à son tour un amendement par lequel le propriétaire, dans le cas de réduction de rente aurait eu le droit de forcer le crofter à acquérir le holding. M. Balfour savait très bien que

(1) Hausard, *Parliamentary Debates*, *House of Commons*, vol. 304, p. 942.

les réductions auraient été nombreuses, par suite, également, les réquisitions d'achat par les propriétaires. Le trésor se serait alors trouvé grevé d'une lourde charge. A l'aide des difficultés budgétaires que n'aurait pas manqué de provoquer cette situation, on aurait peu à peu laissé tomber en désuétude la fixation de rente.

L'amendement fut rejeté.

Enfin, la remise des arriérés par la commission fit également l'objet de l'accord des parties.

On se souvint que certains grands propriétaires, à l'occasion d'événements importants, avaient fait des remises d'arriérés ; on considéra surtout que la situation à ce point de vue était inextricable ; et on trouva le moyen honorable d'en sortir (1). Après une platonique déclaration de principe, les conservateurs votèrent également la remise des arriérés.

Troisième partie. — La partie vraiment neuve de la loi et celle qui s'inspire de considérations empruntées au milieu crofter lui-même et non aux généralisations des politiciens se ramène, dans ses dispositions diverses, à parer à l'imprévoyance des crofters qui sont en partie cause de leur misère par le morcellement indéfini qu'ils font de leur tenure entre leurs enfants, et leur insouciance à l'égard des dettes qu'ils contractent.

On peut rattacher aussi à cette idée d'innovation du

(1) Hausard, *Parliamentary Debates, House of Commons*, vol. 304, p. 809. V. aussi Nicholson, *Examination of the Crofters' commission report*.

crofters'act la commission instituée pour mettre la loi en œuvre. Ce que nous avons dit de la fair rent, de la fixité de la tenure, de la remise des arriérés, etc., a déjà indiqué par avance une partie de son caractère. Nous l'étudions ici parce que l'administration de la justice dans les parties désertes de l'Ecosse que nous étudions est tout à fait insuffisante. A ce titre la Commission administrative doit en grande partie sa naissance aux considérations de fait qui dominent cette troisième partie.

Pour éviter le morcellement indéfini, la loi a pris des mesures qui s'appliquent durant la vie du crofter et à son décès.

Et comme, même dans l'état actuel des choses les holdings sont trop petits pour que le crofter soit vraiment l'exploitant sur lequel on compte pour reconstituer la classe agricole de l'avenir, la loi crée deux moyens d'étendre les holdings déjà existant : soit directement, en obligeant le propriétaire à louer, dans le sens du crofters'act, une partie de sa terre au crofter qui le demande ; soit, en créant dans certains cas, au décès du crofter, un droit de préemption de la tenure au profit des voisins ou du propriétaire, mais pour agrandir les holdings de ceux-ci, à l'encontre de certains héritiers éloignés.

1° De son vivant, le crofter n'aura pas le droit de morceler sa tenure. Le morcellement est une cause d'expulsion. S'il meurt, au cas où il n'aurait pas de légataire du holding, la succession passe à ses héritiers ; mais, si ses héritiers sont des héritiers à partage, ce sera le plus âgé d'entre eux qui seul aura droit au holding. Cette idée doit être prise dans un sens très général, et le but principal qui doit être poursuivi est de laisser la tenure à une seule personne. Aussi, comme nous le verrons, la commission a souvent maintenu en possession des héritiers qui n'étaient pas les plus âgés, quand ceux-ci tardaient à occuper la tenure.

2° Les crofters peuvent étendre leur holding en obligeant leurs propriétaires à leur louer de la terre aux conditions du crofters'act.

Ce principe qui aurait pu être, au point de vue économique, le point de départ de la formation progressive d'une classe moyenne n'est qu'un principe platonique, si on considère la quantité innombrable de conditions et d'obstacles que la loi met à son application.

Au point de vue juridique on peut être choqué par cette sorte d'expropriation pour cause d'utilité privée ; mais on ne doit pas oublier de considérer la nature et l'étendue des propriétés dont s'agit. Tout le monde sait combien sont vastes les domaines des landlords écossais et, de même que ceux-ci, dans l'intérêt général qui se confond avec leur intérêt privé, construisent des routes, des ponts et même des hôpitaux, de même on comprend que l'intérêt général autorise à apporter quelques atténuations à un droit de propriété qui, s'il s'exerçait sur des terres moins vastes, devrait être respecté dans son intégrité.

Cinq ou plus de cinq crofters (1), résidant sur des holdings voisins, dans une paroisse de crofts peuvent, quand le propriétaire, après demande à lui adressée, aura refusé de leur louer de la terre à une rente raisonnable pour l'agrandissement de leurs holdings, s'adresser à la crofters' commission et exposer que dans la dite paroisse ou dans une paroisse de crofts adjacente, il y a de la terre dont on peut se servir pour l'agrandissement desdits holdings ; qu'ils sont dans l'intention de la prendre à bail, mais que le propriétaire refuse de leur louer à des conditions raisonnables, c'est-à-dire aux conditions qui sont d'ordinaire faites quand on loue une terre de même qualité et occupant une situation analogue dans le même district, quand toutefois cette terre n'est pas consacrée à une forêt de daims, à une lande à coqs de bruyère ou à tout autre objet sportif.

La crofters'commission (2), au reçu de la demande, la signifie au landlord et le met à même de s'expliquer contradictoirement avec les crofters. Elle doit rechercher, autant que possible, dans quelle mesure la petitesse du holding est due au fait du propriétaire ou au fait des crofters. Elle a du reste qualité pour faire toutes enquêtes qui lui paraissent nécessaires. Si les dires des crofters sont exacts, si, en outre, ils justifient qu'ils garniront les lieux expropriés d'un bétail suffisant et qu'ils auront les moyens de payer la rente, la commission leur donnera gain de cause en tout ou partie.

(1) Sect. 11.
(2) Sect. 12.

Ici, encore, la commision juge *æquo et bono* et les rares fois qu'elle a accordé des agrandissements de holdings, elle a toujours tenu compte d'une foule de circonstances de fait.

Mais si, à ce point de vue, elle a une certaine liberté d'action, elle se trouve, en ce qui concerne les restrictions apportées à l'exercice du droit d'agrandissement, presque impuissante.

L'énumération de ces restrictions serait fastidieuse. Elles sont si bien enchevêtrées, elles se pénètrent tellement les unes les autres, qu'elles forment comme un réseau, dont le demandeur ne peut sortir.

Nous verrons que, malgré les nombreuses demandes qui lui ont été adressées, la crofters'commission n'a pu faire droit qu'à quelques-unes d'entre elles.

Enfin, dans le cas où il n'y a pas de légataire et dans celui où l'héritier est plus éloigné que la femme, le fils, le petit-fils, le père ou le gendre, le landlord a le droit de son côté et les crofters voisins du leur, de réclamer que, dans le but d'agrandir leur holding, celui du *de cujus* leur soit réservé.

Ici, la crofters'commission n'est plus compétente, l'affaire est de la connaissance du shériff.

Nous avons dit que le crofter est encore imprévoyant au point de vue des dettes qu'il contracte. Afin de lui permettre de développer, en sécurité, et d'améliorer son petit holding, la loi lui défend de le grever d'hypothèque.

Pour mettre la loi à exécution, il a été institué une commission administrative, qui porte le nom de crofters'commission. Cette commission est une commission royale, nommée par la reine. Elle se compose de trois membres : l'un d'eux doit nécessairement parler le gaël. Les commissaires sont sous les ordres du secrétaire d'Etat pour l'Ecosse. Leur décision est sans appel ; mais si la partie qui a été condamnée ne s'exécute pas bénévolement, il faut demander l'exequatur au shériff.

Enfin, la commission doit présenter chaque année un rapport sur ses opérations au secrétaire d'Etat pour l'Ecosse. Ce rapport est communiqué au Parlement.

La crofters'commission est une juridiction ambulante. Elle se transporte partout où il est besoin.

Sa création s'imposait à cause de la mauvaise organisation judiciaire dans les Hautes-Terres et les îles de l'Ecosse. Il y a très peu d'endroits où siègent les shériffs et les procureurs ou les plaideurs certifiés sont si peu nombreux que les plaideurs sont presque toujours obligés de traiter leurs procès par correspondance. Imposer aux crofters ignorants et illettrés de s'adresser au shériff en suivant toutes les complications de la procédure de droit commun, c'était renoncer à mettre la réforme en pratique.

La commission est compétente dans tous les cas que nous avons examinés au cours de l'exposé de la loi. Elle l'est encore pour réglementer l'usage du goëmon, des tourbières, de la bruyère et de l'herbe qui servent à couvrir en chaume ; mais elle n'a pas le droit de réglementer la pâture commune. Ce droit lui a seulement été accordé par une loi récente.

§ 2

La méthode, que nous avons suivie dans l'exposé de la loi, a indiqué, par avance, les critiques que nous lui adresserons. Nous lui reprocherons de n'avoir pas assez tenu compte des informations précieuses fournies par la commission de 1884. Elle a eu le tort, surtout, de ne pas tenir compte de ce fait qu'elle disposait pour un cas très spécial et qu'à ce propos il était imprudent de poser des principes faciles à généraliser, comme la fair rent et la fixité de la tenure. Il faut lui reprocher également de n'avoir rien prescrit en ce qui concerne les deer forests et d'avoir manqué de loyauté, dans ses dispositions pour l'agrandissement des holdings.

Le crofters' act a été complété par trois lois, l'une du 8 août 1887 (50 et 51, Victoria, ch. 24), l'autre du 24 décembre 1888 (51 et 52, Victoria, ch. 63), une dernière du 28 juillet 1891 (54 et 55, Victoria, ch. 41).

Le crofters'act avait considéré comme une cause de déchéance de la tenure, le fait par le crofter d'être déclaré en état de banqueroute. Les landlords s'emparèrent de ce texte et chaque fois qu'une demande était présentée en fixation de rente, ils s'empressaient de poursuivre le recouvrement des arriérés et faisaient déclarer le crofter en état de banqueroute. Par la loi du 8 août 1887, la commission a qualité pour ordonner qu'il soit sursis aux poursuites pendant toute la durée de l'instance en fixation de rente.

La loi du 24 décembre 1888 a étendu les pouvoirs de la commission, en l'autorisant à les déléguer à un seul de ses membres assisté de deux évaluateurs ou de deux assesseurs.

Enfin la loi du 28 juillet 1891 est venue combler une lacune regrettable de la loi de 1886 en organisant la réglementation de la commune pâture. Les crofters d'un même township ou de plusieurs townships se réunissent en meeting public, nomment des délégués qui font le règlement. Celui-ci est soumis à l'homologation de la crofters'commission qui en avertit le landlord.

Quand la crofters'commission est entrée en fonctions, elle a commencé par déterminer les paroisses qui rentraient dans la définition de paroisses de crofts. Le travail lui a pris plusieurs années. Concurremment et au fur et à mesure que les pouvoirs étaient définis, la commission siégeait pour déterminer les demandes.

Nous avons dressé en appendice deux tableaux qui permettent de se rendre compte de ce travail relativement à la fixation de la rente ; dans le tableau ci-joint, nous exposons les remises d'arriérés (1).

(1) Les chiffres de ce tableau sont empruntés aux appendices IV du rapport du 25 juin 1886 au 10 décembre 1887 et D des autres rapports.

Remises des Arriérés de Rentes.

ANNÉES	ARRIÉRÉS						Pourcentage de la remise.
	Montant des arriérés.			Remises			
	£	s.	d.	£	s.	d.	
25 juin 1886. 10 déc. 1887.	23.533	19	6	14.418	5	1 1/2	61.283
10 déc. 1887. 31 déc. 1888.	20.325	14	9 1/2	13.897	4	5 1/2	68.372
1889	36.050	8	4	23.063	0	4 1/2	63.974
1890	32.168	8	11 1/2	23.311	5	5 1/2	72.466
1891	37.239	5	0 1/2	26.010	15	1	64.248
1892	19.895	10	9	14.320	7	5 1/2	71.978
1893	10.911	0	3 1/2	6.979	16	6 1/2	63.970
1894	1.904	18	5	1.013	2	1	53.183
1895	799	3	4	245	2	1	30.669

Le pourcentage de réduction sur le taux de la rente que nous indiquons dans l'appendice montre dans quelle mesure celle-ci était exagérée. A ce point de vue, on ne saurait trop critiquer la conduite des landlords et surtout de leurs facteurs ; puisqu'ici, il ne s'agit pas de baux sur le prix desquels il est difficile de revenir en cours d'exécution ; mais de tenures dont la rente est élevée ou abaissée à la fois pour tout un domaine et quand il plaît au propriétaire. En 1895 et en 1896, la commission a eu à fixer à nouveau des rentes qu'elle avait déjà déterminées. Or, elle a continué à les abaisser encore. En 1895 (1) elle les a réduites dans le comté de Caithness — (nous donnons le chiffre moyen) — de 9.110 0/0, dans celui de Sutherland de 11.034 0/0, dans celui d'Inverness de 6.770 0/0 ; en 1896 (2), d'après des chiffres que nous venons de recevoir, dans le comté de Sutherland de 4.191 0/0, dans celui d'Orkney de 6,374 et dans celui de Caithness de 17.741 0/0. Il semblerait donc que la situation des crofters ne se soit pas améliorée. Cette induction serait illégitime, si nous nous reportons à un rapport déposé au Parlement en 1895 par une commission royale, chargée de rechercher dans quelle mesure on pourrait agrandir les holdings des crofters en expropriant soit de grandes fermes, soit des terres de chasse. Ce rapport, comme nous le verrons plus loin, constate une amélioration dans le sort des crofters. Les diminutions nouvelles des rentes tiennent plutôt à des causes économiques générales comme la mévente du bétail des crofters, dont la commission a voulu tenir compte (3).

(1) Rapport pour l'année 1895, p. 37.
(2) Rapport pour l'année 1896, p. 24.
(3) Report of the Royal commission (Highlands and Islands, 1892) with appendices, 1895 (*House of Commons*, c. 7381), p. XII.

C'est, dans les instances en fixation de rente ou en remises d'arriérés, qui en pratique étaient présentées en même temps, que la commission a eu à préciser la portée exacte de la loi. Les landlords, au lieu de plaider au fond, soulevaient toujours l'exception d'incompétence, motivée sur ce que le demandeur n'avait pas la qualité juridique de crofter. On peut dire que, tout en restant impartiale, la commission a cherché autant que possible à étendre le domaine du crofters'act.

L'une des exceptions les plus souvent invoquées a été celle que le tenancier avait passé un bail avec le propriétaire et que, par suite, il avait perdu la qualité de crofter.

Avant le vote de la loi et dès qu'elle fut votée, certains propriétaires prirent (1) la précaution d'écrire à leurs crofters en leur offrant un bail. Souvent on trouve des lettres comme celle-ci, citée par la commission dans son rapport de 1892 : « J'ai beaucoup de plaisir à vous accorder, comme je vous l'ai promis, un bail de vingt-cinq ans etc. ». On insérait dans la lettre une obligation insignifiante à la charge du crofter que le facteur lui faisait accomplir, et, quand le crofter demandait la fixation de la rente, le propriétaire opposait le bail et l'acceptation tacite par l'exécution des charges.

D'autres propriétaires trouvèrent plus simple de re-

(1) Rapport de 1892, les 2 cas de la page XVII, autre cas, p. XVI. — Cf. 1890, p. IX.

courir à l'intimidation et d'obtenir, par force, la signature des crofters (1).

La commission a exigé qu'on rapportât la preuve écrite d'un bail et a rejeté l'engagement purement verbal ; elle n'a pas hésité à ne tenir aucun compte des écrits qui lui paraissaient suspects (2). Elle a même jugé qu'un crofter qui, antérieurement au crofters'act, avait occupé la tenure en vertu d'un bail, mais dont le bail était expiré à cette date et ne se continuait que par tacite reconduction avait recouvré la qualité de crofter (3). Bien plus, comme certains propriétaires s'étaient contentés de constater par écrit sous forme de bail la façon dont jouissait leurs tenanciers crofters, sans rien changer du reste à leur condition, la commission n'a pas tenu compte des exceptions basées sur ce que le crofter tenait à bail pour un an (4), ou pour plusieurs années, si le propriétaire s'était réservé le droit de l'expulser à l'expiration de chaque année (5). Enfin, la commission a jugé que quoique un crofter, qui possédait antérieurement en qualité de tenancier at-will toute sa tenure, ait passé un contrat de bail avec son propriétaire pour une fraction de cette tenure, il reste néanmoins crofter (6).

(1) Rapport 1892, p. XVII et XIX.

(2) Rapport 1889, p. 189 ; 1887, p. 102 ; 1892, p. 102, 124, 136, 137.

(3) Rapport 1887, p. 100.

(4) Rapport 1887, p. 100 ; 1890, p. 115.

(5) Rapport 1891, p. 157. Cf. Rapport 1891, p. 151 ; 1892, p. 114, 128, 139.

(6) Rapport 1888, p. 106 ; 1890, p. XI.

Les propriétaires ont souvent opposé aussi comme exception que le crofter était sous-tenancier. Dès la première année de ses fonctions la commission avait rejeté cette exception après en avoir longuement étudié le mérite (1). Cette décision, conforme au texte du crofters'act, semblait devoir être maintenue, mais après un refus d'exequatur, la question ayant été portée devant la Cour de Sederunt, dans une affaire Livingstone c. Beattie, cette juridiction par un arrêt du 19 mars 1891 considéra qu'au contraire le fait d'être sous-tenancier faisait perdre le caractère de crofter (2). La commission ne pouvait que s'incliner devant la décision de la Cour suprême ; mais elle chercha sur d'autres points à être favorable aux crofters ; notamment en matière de succession.

Un crofter meurt, son fils aîné ne réside pas sur le holding, mais son second fils au contraire y réside. Il a été inscrit sur le registre du domaine. La commission juge que le fils cadet a néanmoins continué la personnalité du crofter (3) ; et de même au profit de la veuve si l'héritier n'a pas pris possession (4) ; du petit-fils (5) ; de la petite-fille (6).

(1) Rapport 1886-87, consultation de la p. 101, joindre n° 188, p. 10.
(2) Rapport 1892, pp. XX et XXI.
(3) Rapport 1889, 197; 1890, 125, 126; 1891, 134, 136, 142, 154, 160; 1892, 130, 132, etc.
(4) Rapport 1889, 197, 204, 206; 1892, XX, 131, 153.
(5) Rapport 1890, 126.
(6) Rapport 1889, 206; 1890, 117, 127, 199; 1891, 118, 135, 136.

Mais la commission a, au contraire, refusé le bénéfice de la loi à ceux qui étaient marchands (1), aubergistes (2), clergymen (3), ouvriers (4) établis dans l'intérêt du voisinage.

La commission n'a pu malheureusement étendre les holdings comme elle l'aurait désiré. Les entraves nombreuses imposées par la loi elle-même à sa propre application ne lui ont permis en neuf années c'est-à-dire jusqu'au 31 décembre 1895 d'accueillir favorablement que 61 demandes sur 644 présentées ; et encore faut-il reconnaître que dans la plupart des cas les propriétaires étaient consentants (5).

§ 3

Si nous voulons juger l'œuvre pratique de la crofters' commission et par là même les effets du crofters'act il nous suffit de nous reporter au rapport d'une commission instituée en 1892 et qui, de 1892 à 1895, a parcouru les Hautes-Terres et les Iles pour rechercher les moyens d'étendre les holdings des crofters. Ce rapport que nous avons déjà cité remarque, p. XII, que le crofters'act a eu un effet moral excellent sur les crofters ; que l'esprit de révolte d'autrefois a disparu, que le crofter ne se croit plus, comme jadis, uniquement destiné

(1-2) Rapport 1892, 110.
(3) Rapport 1890, p. 140 ; 1892, p. XIX.
(4) Rapport 1890, p. 117.
(5) Exemple : Rapport 1890, p. XV.

à payer la rente de son propriétaire, d'autant plus forte qu'il prenait plus soin de sa terre. Il a repris conscience de sa dignité. Les commissaires ont trouvé les cultures mieux soignées qu'autrefois ; on fait davantage attention aux assolements, aux pâturages, à la construction et à la réparation des chemins des townships. Les effets de l'act sont surtout tangibles dans les constructions des habitations et des bâtiments de service. Dans un grand nombre d'endroits les maisons sont neuves ou mieux construites. Enfin, là où l'agrandissement des holdings a été possible, il a toujours été profitable.

Avec le rapport de cette commission, on peut mesurer le développement économique possible du crofters' act. La commission pense qu'il y a fort peu de parti à tirer des deer forests, contrairement à l'opinion jusqu'alors reçue ; au contraire les grandes fermes de pâture qui se sont très développées et ont détruit les moyennes exploitations d'autrefois pourront être expropriées plus utilement.

La commission a divisé en trois groupes les terres à exproprier.

1er groupe. — Celles qui seraient utilisables pour la formation de nouveaux holdings. Elles forment un total de 794.750 acres.

2e groupe. — Celles qui serviraient au développement des pâtures des crofters voisins, 439.188 acres.

3e groupe. — Enfin la commission soucieuse de créer une classe moyenne de crofters a recherché quelles sur faces pourraient être mises à profit pour créer des holdings supérieurs à 30 livres sterling de revenus. 548.847 acres de chasses à daims ou de grands pâturages seraient ainsi utilisables.

Mais pour réaliser ce progrès, il serait nécessaire de remanier complètement le crofters' act, dans ses dispositions sur l'agrandissement des holdings. Les difficultés qu'éprouvent de plus en plus les landlords à louer leurs terres de pâture faciliteraient certainement la réalisation de ce progrès.

La question du crofter ne semble pas du reste épuisée au point de vue parlementaire. Outre les projets qui ont abouti aux lois que nous avons analysées, un certain nombre de bills ont été présentés à la Chambre des Communes.

Les uns se comprennent parfaitement. Ils se proposent de combler les lacunes du crofters'act que nous appellerions volontiers, les lacunes géographiques du crofters'act. Ils accordent aux crofters des comtés, omis dans la loi de 1886, le bénéfice de ses dispositions. Un bill du 28 février 1893 (236) les étend au comté de Bute ; deux autres des 12 mai 1893 (358), et 21 février 1896 (102) aux comtés de Banff, Aberdeen, Kincardine, Elgin et Nairn ; un autre enfin à tous les crofters et cottars de l'Ecosse (12 février 1890) (109).

Les autres, et nous faisons allusion au bill du 12 février 1890 et surtout à celui du 28 janvier 1887 (52) repris le 26 novembre 1890 (78), nous paraissent difficilement acceptables et particulièrement dangereux. Ils demandent le droit de céder la tenure et tous les avantages concédés aux crofters pour tous les tenanciers agricoles de l'Ecosse, sans exception.

CONCLUSION

Nous avons vu la question du crofter passer successivement par trois phases : la phase historique, la phase économique, la phase juridique.

Cette dernière ne semble pas près de finir.

L'imprudence avec laquelle on appliqua aux crofters une législation qui se généralise si facilement coûtera cher aux landlords écossais.

Ils ont traité avec mépris les propositions de la commission de 1884 parce qu'elles réhabilitaient un passé en contradiction avec leurs principes économiques plus ou moins *a priori*.

La fixité de la tenure, la fair rent et bientôt la free sale ne tendent à rien moins qu'à substituer graduellement à la propriété pleine une propriété divisée avec tous ses inconvénients.

On se serait contenté de consolider le township, de faciliter à ses membres le progrès économique par les baux d'amélioration et l'acquisition de la propriété par les prêts d'État ; on n'aurait pas eu à craindre que le droit nouveau s'étendît à l'Ecosse.

Aujourd'hui on oublie de plus en plus le caractère spécial du crofter ; on constate qu'un tenancier quelconque jouit de certains avantages et l'on demande pourquoi les autres tenanciers n'en bénéficieraient pas à leur tour.

L'extension des holdings de crofters qui se comprend par les raisons historiques et les raisons de fait que nous avons exposées n'a plus de sens dans les autres parties de l'Écosse. Mais elle est une merveilleuse pierre d'attente à l'expropriation du landlord.

Quand la commission administrative, héritière des birleymen et des évaluateurs, se substituera ailleurs à la convention des parties, le rôle du propriétaire perdra de plus en plus son intérêt et sa justification.

Trop petit pour avoir, même en fait, comme le grand landlord des Hautes-Terres, charge de construire des églises, des écoles, des routes, le propriétaire ordinaire n'apparaîtra plus que comme le toucheur de rentes inutile et parasite. Il n'y aura plus qu'à l'exproprier.

Ce sera une façon de revenir à la propriété pleine à moins que l'État ne prenne la place du propriétaire, comme dans l'Hindoustan.

APPENDICE

FAIR RENT

Tableau indiquant les sources auxquelles ont été puisés les chiffres de l'appendice et la manière de les établir

Rapports (1) :	DEMANDES								
	PRÉSENTÉES			REJETÉES pour incompétence	RETIRÉES	JOINTES	AUXQUELLES IL A ÉTÉ FAIT DROIT		
	par les crofters	par les propriétaires	Total				par la commission	par suite d'arrangement amiable	Total
25 juin 1886......... 10 décembre 1887...	IX. 105	IX. 105	IX. 105	IX. 105	IX. 105	IX. 105	IX. 105		IX. 105
10 décembre 1887... 31 décembre 1888...	M. 179	M. 179	(2)	M. 179	M. 179	M. 179	M. 179		M. 179
1889	M. 256	M. 256		M. 256	M. 256	M. 256	M. 256		M. 256
1890	M. 175	M. 175		M. 175	M. 175	M. 175	M. 175		M. 175
1891	M. 211	M. 211		M. 211	M. 211	M. 211	M. 211		M. 211
1892	M. 224	M. 224		M. 224	M. 224	M. 224	M. 224	M. 224	M. 224
1893	M. 144	M. 144		M. 144	M. 144	M. 144	M. 144		M. 144
1894	M. 79	M. 79		M. 79	M. 79	M. 79	M. 79	M. 79	M. 79
1895	P. 69	P. 69		P. 69	P. 69	P. 69	P. 69		P. 69

(1) Les chiffres romains et les lettres indiquent les appendices des rapports.
(2) A partir du 10 déc. 1887 la Crofter's commission n'a pas fait les totaux.

HOLDINGS					RENTE					
NOMBRE	ÉTENDUE DES HOLDINGS				Au moment de la demande	Juste rente (1)	Réduction	Augmentation	POURCENTAGE	
	Terre arable	Terres de pâture privées	Terre commune des townships	Terre commune générale					de la réduction	de l'augmentation
IV.98	IV.98	IV.98	IV.98	IV.98	IV.98	IV.98				
D. 124	D. 124	D. 124	D. 124	D. 124	D. 124	D. 124				
D. 187	D. 187	D. 187	D. 187	D. 187	D. 187	D. 187				
D. 113	D. 113	D. 113	D. 113	D. 113	D. 113	D. 113				
D. 132	D. 132	D. 132	D. 132	D. 132	D. 132	D. 132				
D. 111	D. 111	D. 111	D. 111	D. 111	D. 111	D. 111				
D. 71	D. 71	D. 71	D. 71	D. 71	D. 71	D. 71				
D. 40	D. 40	D. 40	D. 40	D. 40	D. 40	D. 40				
D. 17	D. 17	D. 17	D. 17	D. 17	D. 17	D. 17				

Je n'indique pas de référence aux appendices de la commission quoique cependant à l'appendice IV du rapport 1886-87 et aux appendices D des autres années on trouve des chiffres totaux. J'ai cru devoir ne point faire état de ces chiffres parce que ces chiffres ne sont que des chiffres nets, d'où, comme chaque année le total des réductions est beaucoup plus fort que celui des augmentations, on ne voit aucun chiffre porté à la colonne des augmentations, ce qui peut faire croire qu'il n'y en a jamais eu et que les propriétaires ont toujours rackrenté les crofters — inexactitude, comme on peut s'en rendre compte par le tableau ci-joint. — L'erreur est d'autant plus facile à commettre que la commission, sauf aux appendices III et IV du rapport 1886-87, n'a pas pris soin d'indiquer que ses chiffres étaient des chiffres nets.

Pour établir les chiffres que je publie, j'avais à choisir entre les chiffres de détail des appendices I, II, III du premier rapport 1886-87 et A. B. C. des rapports suivants ; j'ai préféré les chiffres des tableaux II à ceux des tableaux I et III et ceux des tableaux B à ceux des tableaux A et C.

L'appendice I et les appendices A présentent les calculs par holdings ;

L'appendice II et les appendices B présentent les chiffres nets par township.

L'appendice III et les appendices C présentent les chiffres nets par domaines.

On comprendra que je n'ai pas pris pour faire mes additions les chiffres des appendices C, puisque je serais arrivé à commettre l'erreur que je reproche à la commission.

A première vue, je n'aurais pas dû hésiter non plus entre les chiffres des appendices B et des appendices A, puisque ceux-ci sont des chiffres bruts, tandis que ceux-là sont des chiffres nets par township, ce qui est déjà un commencement d'erreur. Toutefois, je me suis arrêté aux chiffres des appendices B pour la raison suivante :

Il arrivait que antérieurement aux opérations de la commission, la terre commune, ou une portion de la terre commune était louée en bloc (Ex. : Rapport pour 1888 — appendice A p. 40 Diabeig (township) — appendice A p. 41 Point (township). Or, la commission, au contraire, quand elle a été appelée à fixer la rente, a eu l'habitude de déterminer la part proportionnelle de chaque crofter dans ce bloc ; d'où il est arrivé que, sur un même holding, la rente du holding pris individuellement se trouvait augmentée, alors que, eu égard à la fois au holding et à la part proportionnelle dans la terre commune, elle était en définitive diminuée.

(1) Les cas dans lesquels la rente ancienne a été maintenue sont assez rares. On en trouvera des exemples : Rapp. 1892, p. 9. — Rapp. 1893, p. 60. — Rapp. 1895, p. 17.

ANNÉES	DEMANDES — PRÉSENTÉES (*) par les crofters	par les propriétaires	TOTAL	REJETÉES pour incompétence	RETIRÉES	JOINTES	AUXQUELLES IL A ÉTÉ FAIT DROIT par la commission	par suite d'arrangement amiable	TOTAL	HOLDINGS — NOMBRE	ÉTENDUE DES HOLDINGS — TERRE ARABLE Acres	Ro.	Po.
25 juin 1886… 10 décembre 1887…	7.403	1.503	8.906	44	222	540	1.767	»	1.767	1.767	15.060	3	10
10 décembre 1887… 31 décembre 1888…	3.186	684	3.870	56	152	180	2.185	»	2.185	2.185	15.195	3	10
1889…	1.953	399	2.352	154	196	103	3.425	»	3.425	3.425	17.539	1	16
1890…	649	565	1.214	107	107	128	1.963	»	1.963	1.963	8.867	1	25
1891…	301	978	1.279	168	389	150	2.339	»	2.339	2.339	9.841	0	25
1892…	116	89	207	180	331	47	1.477	2	1.479	1.477	8.595	3	2
1893…	143	298	441	112	97	50	1.012	»	1.012	1.012	6.090	2	31
1894…	69	322	391	18	29	31	485	55	540	540	3.778	2	34
1895…	110	12	122	34	29	1	181	»	181	181	1.525	2	33
TOTAUX…	13.932	4.850	18.782 (1)	870	1.049	1.248	14.834	57	14.891 (2)	14.889	87.300	1	27

ANNÉES	TERRES DE PATURE PRIVÉES Acres	Ro.	Po.	TERRE commune des townships Acres	TERRE commune générale Acres	RENTE — AU MOMENT DE LA DEMANDE L.	s.	d.	JUSTE RENTE L.	s.	d.	RÉDUCTION L.	s.	d.	AUGMENTATION L.	s.	d.	POURCENTAGE de la réduction	de l'augmentation
25 juin 1886… 10 décembre 1887…	9.548	2	0	37.388	46.065	12.457	10	8	8.617	6	0	3.882	1	2	41	16	6	31.162	0.325
10 décembre 1887… 31 décembre 1888…	12.138	3	0	92.505	49.308	11.882	18	8 1/2	8.379	11	11	3.514	0	11 1/2	10	14	2	29.572	0.090
1889…	23.867	»	1	149.625	106.425	16.612	12	2	11.453	2	0	4.740	5	2	»	15	»	29.142	0.004
1890…	14.125	1	1	73.705	111.458	9.775	9	3	6.764	9	10	3.023	10	0	12	10	7	30.920	0.128
1891…	11.205	1	16	89.046	135.626	8.780	18	5	6.658	14	7	2.178	11	8	41	7	10	24.785	0.470
1892…	11.227	3	32	112.945	30.892	8.767	12	6	6.138	0	7 1/2	2.630	10	7 1/2	1	7	9	30.007	0.015
1893…	6.884	3	32	34.836	13.956	5.309	17	5	4.146	11	6	1.211	4	9	40	18	10	22.829	0.940
1894…	2.490	»	38	16.514	9.693	2.292	8	2	2.066	16	1	275	00	10	30	8	10	11.997	1.720
1895…	844	1	8	6.974	1.482	877	0	3	823	19	2	56	17	5	3	16	4	6.484	0.435
TOTAUX…	92.382	1	17			76.315	7	6 1/2	55.032	11	8 1/2	21.482	11	7	201	15	0		

(1) Si on additionne les chiffres de la commission, on trouvera un écart de 32 entre mon total et celui de la commission. Cette différence provient de ce que la commission a compté parmi les demandes nouvelles 32 demandes de fixation de rente à nouveau qui doivent être mises à part, comme nous l'indiquons dans la note ci-contre.

(2) Je dois avoir une différence de 2 avec le total de la commission, celle-ci ayant oublié de compter les 2 arrangements amiables de 1892.

(*) En faisant ses reports, la commission a commis une erreur de 10 shillings ; aussi on lira au tableau D, p. 124 un total de fair rent de L 8980.1.11, alors que nous avons porté après vérification L 8970.11.11. — A la page 115 app. B le compte du holding Braham (Major A. Mackenzie) Collie fait ressortir une *present rent* de L 14.0.0 et une *fair rent* de L 6.5.0, la différence est donc L 7.15.0 comme l'indique exactement le tableau, mais dans l'appendice C p. 123 la commission en présentant les fixations de rente par domaine indique une fair rent non plus de L 6.5.0 mais de L 6.15.6, ce qui fait une différence de L 7.5.0. Les chiffres des appendices B étant pris sur les comptes eux-mêmes et ceux des appendices C n'étant que des chiffres de récapitulation, nous les avons préférés à ceux-ci, d'où notre différence ci-dessus indiquée avec le total de l'appendice D dont les chiffres sont empruntés à l'appendice C.

Note relative aux superficies des holdings.

Les surfaces des holdings sont exprimées tant en terres privées qu'en terres communes afin de montrer la base précise des rentes. Il a été possible de donner exactement, chaque année, la superficie totale des terres communes parce que la commission a pris soin, pour éviter les doubles emplois, d'énumérer successivement tous les holdings ayant une même terre commune, de manière que la surface de celle-ci ne figurât qu'une fois en regard de ceux-là.

Le total général de la superficie des terres privées ne pouvait présenter de chances de doubles emplois qu'à partir de 1894, puisque le crofter ne peut demander la fixation de la rente que tous les sept ans. Les demandes de réévaluation formées depuis cette époque ont été distinguées dans une note spéciale.

On ne trouvera pas le total général des terres communes, parce que il est arrivé plusieurs fois que des crofters ayant une même terre commune n'ont pas tous demandé *en même temps* (V. rapport juin 1886 à déc. 1887. *Ex.* : p. 2-3-11-85-86-93-94-96-97-98) la fixation de la rente ; d'où la même surface de terres communes a reparu dans les tableaux annuels autant de fois que d'années durant lesquelles la commission a eu à s'en occuper. Comme les appendices des rapports ne contiennent pas d'indications suffisamment précises pour éliminer ces chances d'erreur, j'ai dû m'abstenir de faire un total qui aurait été manifestement inexact.

BIBLIOGRAPHIE

Alison (William Puteney). — A letter to Sir John Mc Neill on Highland destitution and the adequacy or inadequacy of èmigration as a remedy. Edimbourgh, 1851.

— Observations on the famine of 1846, 1847 in the Highlands of Scotland and in Ireland, 1847.

— Observations on the reclamation of waste lands and the cultivation by croft husbandry. Edimbourgh, 1850.

Ashley (William James). — The anglo-saxon Township. Boston, 1894.

Barry (G.). — The History of Orkney Islands. Edimbourgh, 1805.

Blackie (J. S.). — The Scottish Highlanders and the land laws. Edimbourgh, 1885.

— Gaëlic societies Highland depopulation land law Reform. Edimbourgh, 1880.

Browne (Dr J.). — A critical examination of Dr Macculoch's work. Edimbourgh, 1825.

Burton. — The History of Scotland from Agricola's invasion to the Revolution of 1688. Edimbourgh, 1873.

Burton (John Hill). — History of Scotland from the Revolution to the extinction of the last Jacobite insurrection. London, 1853.

Campbell (G. Douglas). — Duke of Argyle, Scotland as it was and as it is. Edimbourgh, 1887.

Campbell (D.). — The land question in the Highlands. Paisley, 1884.

Campbell (John). — A full and particular description of the Highlands of Scotland its situation and produces, the manners and customs of the natives.

Chalmers (Georges). — Caledonia, 3 volumes, 2e édit. Paisley, 1889.

Cherrie (J. M.). — On the condition of land occupancy and the depopulation of the Highlands. Edimbourgh, 1884.

Clark (G. B.). — The Highland land question.

Dalriad. — The crofter in History. Edimbourgh, 1888.

Forbes (Francis). — The improvement of waste lands. London, 1778.

Robert-Hunter. — A treatise on the law of landlord and Tenant. Edimbourgh, 1875, 2 vol.

Innes (Cosmo). — Sketches of early Scotch History and social progress. Edimbourgh, 1861.

— Lectures on Scotch legal antiquities. Edimbourgh, 1872.

— Scotland in the Middle ages. Edimbourg, 1860.

Johnson (Samuel). — A Journey to the western Islands of Scotland. London, 1876.

Johnston (C. N.). — The agricultural Holdings Scotland acts 1883-89, and the ground game act 1880. Edimbourgh, 1891.

— The crofters holdings Scotland acts 1886-87-88. Edimbourgh, 1889.

Logan (James). — The scottish Gaël. or celtic manners as preserved among the Highlanders. 2 vol. Inverness, 1876.

Macculloch (John). — A description of the western Islands of Scotland including the isle of Man. 3 vol. London, 1819.

— The Highland and western Islands of Scotland containing description of the scenery and antiquities political history agriculture. 4 vol. London, 1824.

Macdonald (R. H.). — Emigration of Highlands crofters. Edimbourgh, 1885.

Mackenzie (A.). — The History of Highland blearances. Inverness, 1883.

— The highland Clearances.

Mackenzie (J.). — Letter to lord J. Russell on Sir J. Mc. Neill's reports on the State of the west Highlands and Islands of Scotland.

Mackintosh (John). — The History of civilisation in Scotland. 2e édit., 4 vol. London, 1895.

Macfarlane (D. H.). — Depopulation of rural Scotland. London, 1882.

— Highland crofters versus large farmers. London, 1885.

Malcolm (G.). — The population crofts, deer forests of the Highlands. Edimbourg, 1883.

Malthis (Th. R.). — *Essai sur le principe de population* (traduit de l'anglais par P. et G. Prévost). Paris, 1845.

Martin. — A description of the western Islands of Scotland. London, 17.

Monro (Donald). — Description of the western isles of Scotland called Hebrides with genealogies of the chief clans of the isles. Edimbourgh, 1774.

Hugh Miller. — Sutherland as it was and is; how a country may be ruined. Edimbourg, 1843.

Nicholson (J. S.). — Examination of the crofters'commission report. Edimbourgh, 1884.

Scott (Sir Walter). — Caledonia described by Scott, Burns and Ramsay. London, 1878.

Skene (William Forbes). — The Highlanders of Scotland, their original history and antiquities. 2 vol. London, 1837.

Stewart (David).— Sketches of the character, manners and present State of the Highlanders of Scotland. 2 vol. Edimbourgh, 1822.

Victoria (Queen of great Britain and Ireland). — Leaves from the journal of our life in the Highlands from 1848 to 1861. London, 1868.

Vu :

Le Président de la thèse,

VIGNERTE.

BIBLIOTHÈQUE NATIONALE RF IMPRIMÉS

Vu :

Le Doyen,

G. DE CAQUERAY.

Vu et permis d'imprimer :

Le Recteur de l'Académie de Rennes.

J. JARRY.

TABLE DES MATIERES

LIVRE PREMIER

PROBLÈME DES ORIGINES.

LIVRE DEUXIÈME

LES RÉBELLIONS JACOBITES DE 1715 ET DE 1746.

LIVRE TROISIÈME

LE PROBLÈME CROFTER APRÈS LA RÉBELLION DE 1746.

LIVRE QUATRIÈME

LA RÉFORME LÉGISLATIVE DE 1886.

Imp. G. Saint-Aubin et Thevenot. — J. THEVENOT, successeur, Saint-Dizier

BIBLIOTHÈQUE NATIONALE IMPRIMÉS RF

Imp. G. Saint-Aubin et Thevenot. — J. Thevenot, successeur, Saint-Dizier (Hte-Marne).

www.ingramcontent.com/pod-product-compliance
Ingram Content Group UK Ltd.
Pitfield, Milton Keynes, MK11 3LW, UK
UKHW021118220726
13924UKWH00004B/1785

9 782019 220426